45,00

O PROJECTO DE CONSTITUIÇÃO EUROPEIA

Contributo para o debate sobre o futuro da União

ANA MARIA GUERRA MARTINS

Professora da Faculdade de Direito
da Universidade de Lisboa

O PROJECTO DE CONSTITUIÇÃO EUROPEIA

Contributo para o debate sobre o futuro da União

2.ª *Edição*

ALMEDINA

TÍTULO:	O PROJECTO DE CONSTITUIÇÃO EUROPEIA
AUTORA:	ANA MARIA GUERRA MARTINS
EDITOR:	LIVRARIA ALMEDINA – COIMBRA www.almedina.net
LIVRARIAS:	LIVRARIA ALMEDINA ARCO DE ALMEDINA, 15 TELEF. 239 851900 FAX 239 851901 3004-509 COIMBRA – PORTUGAL livraria@almedina.net LIVRARIA ALMEDINA ARRÁBIDA SHOPPING, LOJA 158 PRACETA HENRIQUE MOREIRA AFURADA 4400-475 V. N. GAIA – PORTUGAL arrabida@almedina.net LIVRARIA ALMEDINA – PORTO R. DE CEUTA, 79 TELEF. 22 2059773 FAX 22 2039497 4050-191 PORTO – PORTUGAL porto@almedina.net LIVRARIA ALMEDINA ATRIUM SALDANHA LOJAS 71 A 74 PRAÇA DUQUE DE SALDANHA, 1 TELEF. 213 570 428 FAX 213 151 945 atrium@almedina.net LIVRARIA ALMEDINA – BRAGA CAMPUS DE GUALTAR, UNIVERSIDADE DO MINHO, 4700-320 BRAGA TELEF. 253678822 braga@almedina.net
EXECUÇÃO GRÁFICA:	G.C. – GRÁFICA DE COIMBRA, LDA. PALHEIRA – ASSAFARGE 3001-453 COIMBRA producao@graficadecoimbra.pt OUTUBRO, 2004
DEPÓSITO LEGAL:	217417/04

Toda a reprodução desta obra, por fotocópia ou outro qualquer processo, sem prévia autorização escrita do Editor, é ilícita e passível de procedimento judicial contra o infractor.

ÍNDICE

NOTA PRÉVIA 9
ABREVIATURAS UTILIZADAS 11
INDICAÇÃO DE SEQUÊNCIA 15

CAPÍTULO I – **OS ANTECEDENTES DO PROJECTO DE CONSTITUIÇÃO EUROPEIA**   19

1. A transmutação do Tratado da União Europeia 19
2. As propostas fracassadas de constituição europeia em sentido formal   21
3. A pré-falência do modelo internacional 24
4. O Tratado de Nice 26
5. A Declaração n.º 23 anexa ao Tratado de Nice 27
6. O Conselho Europeu de Laeken 28

CAPÍTULO II – **O MÉTODO DE ELABORAÇÃO DO PROJECTO DE CONSTITUI-
    ÇÃO EUROPEIA** 31

7. As insuficiências do método da conferência intergovernamental 31
8. O método da Convenção 32
9. Os trabalhos da Convenção sobre o futuro da Europa 36
10. A natureza jurídica da Convenção sobre o futuro da Europa 38

CAPÍTULO III – **O CONTEÚDO DO PROJECTO DE CONSTITUIÇÃO EUROPEIA**   41

11. A sistematização 41
12. A União Europeia 42
    12.1. O estabelecimento da União 43

12.2. Os valores da União 45
12.3. Os objectivos da União 46
12.4. Liberdades Fundamentais e Não Discriminação 49
12.5. O respeito dos Estados membros 49
12.6. A personalidade da União 50
13. Direitos fundamentais e cidadania da União 51
   13.1. Os Direitos Fundamentais 51
   13.2. A Cidadania 54
14. Repartição de atribuições entre a União e os seus Estados membros ... 55
   14.1. Os princípios 55
   14.2. A enumeração das categorias de competências 57
   14.3. A cláusula de flexibilidade 59
   14.4. O primado do Direito da União 60
15. A estrutura orgânica da União 65
   15.1. O equilíbrio originário perdido 65
   15.2. À procura de um novo equilíbrio desde o AUE 66
   15.3. As premissas da reforma institucional no projecto de constituição 68
   15.4. O novo quadro institucional 68
   15.5. Análise crítica do novo quadro institucional 72
16. O exercício das competências da União 76
   16.1. A actual tipologia do Direito derivado 76
   16.2. A nova tipologia de instrumentos jurídicos da União 78
   16.3. Disposições específicas 82
   16.4. A cláusula de solidariedade 83
   16.5. As cooperações reforçadas 84
17. A vida democrática na União 86
18. As finanças da União 88
19. A vizinhança e a qualidade de membro da União 89
   19.1. A União e os Estados vizinhos 89
   19.2. A adesão à União 90
   19.3. A suspensão dos direitos de membro da União 90
   19.4. A saída voluntária da União 90
20. A Carta dos Direitos Fundamentais da União 92
   20.1. A necessidade de protecção dos direitos fundamentais no seio da
         União 92
   20.2. Os objectivos da Carta 93
   20.3. As fontes de inspiração da Carta 93
   20.4. As dificuldades de atingir consensos 95

20.5. A incorporação da Carta no projecto de constituição 97
20.6. O conteúdo da Carta 98
20.7. As modificações do texto da Carta na Convenção sobre o futuro da Europa 100
20.8. A Carta como standard mínimo 100
21. As políticas e o funcionamento da União 101
21.1. As cláusulas de aplicação geral 101
21.2. A não discriminação e a cidadania 102
21.3. As políticas e as acções internas 103
21.4. A acção externa da União 106
21.5. O funcionamento da União 110
22. Disposições gerais e finais 113
22.1. Os símbolos 113
22.2. A revogação dos tratados anteriores 113
22.3. A continuidade jurídica 114
22.4. O processo de revisão 114
22.5. A adopção, a ratificação e a entrada em vigor do Tratado que estabelece a constituição 115
22.6. As línguas 116
22.7. Outras normas 117

CAPÍTULO IV – **PERSPECTIVAS DE EVOLUÇÃO** 119

23. As principais dificuldades de aprovação do projecto de constituição na CIG 119
24. As possíveis dificuldades de ratificação 123
24.1. Os eventuais referendos 123
24.2. As eventuais incompatibilidades com as constituições nacionais 125

CAPÍTULO V – **ALGUMAS CONCLUSÕES... AINDA QUE PROVISÓRIAS** 127

CAPÍTULO VI – **OS MAIS RECENTES DESENVOLVIMENTOS: A CIG 2004** 135

25. Nota final 135
26. As principais modificações introduzidas pela CIG 2004 136
26.1. As questões institucionais 136

26.1.1. O apuramento da regra da maioria qualificada no seio do Consselho 136
26.1.2. A composição da Comissão 137
26.1.3. Outras modificações institucionais 138
26.2. As questões não institucionais 139
26.2.1. As políticas 139
26.2.2. As normas de revisão 139
26.2.3. A Carta dos Direitos Fundamentais da UE 140

BIBLIOGRAFIA ESPECÍFICA SOBRE O PROJECTO DE CONSTITUIÇÃO EUROPEIA 143

NOTA PRÉVIA

O presente estudo versa sobre o projecto de Tratado que estabelece uma constituição para a Europa[1] *elaborado pela Convenção europeia sobre o futuro da Europa, cujas Partes I e II foram adoptadas, por consenso, em 13 de Junho de 2003, e apresentadas ao Conselho Europeu de Salónica, em 20 de Junho. Posteriormente, a totalidade do texto foi entregue ao Presidente do Conselho Europeu, em Roma, a 18 de Julho de 2003.*

O projecto de constituição europeia[2] *encontra-se em discussão na conferência intergovernamental, que iniciou os seus trabalhos, no dia 4 de Outubro de 2003, e tem gerado grande controvérsia na sociedade civil dos vários Estados membros. Em Portugal têm ocorrido múltiplos debates, tanto ao nível dos media, como nos planos político e académico.*

Neste momento, não é possível prever o desfecho final da CIG, mas uma coisa é certa: o debate constitucional está definitivamente lançado e parece irreversível. Por toda a Europa se alinham argumentos pró e contra este projecto.

A Europa vive, pois, um momento ímpar na sua História, encontrando-se à beira de uma redefinição, de uma reestruturação e de uma refundação constitucionais, que, ao contrário do que sempre tem acontecido, não estão a ser impulsionadas pela força das armas, mas antes pela via pacífica e pela força das ideias.

---

[1] O texto em que nos baseamos (CONV 850/03) está publicado pelo serviço de publicações das Comunidades Europeias e pode ser consultado no servidor Europa na Internet – http://european-convention.eu.int/docsTreaty/cv00850.pt03.pdf.

[2] Ao longo deste trabalho utilizaremos as expressões abreviadas «projecto de constituição europeia», «projecto de constituição» ou até mesmo só «projecto» para designar o projecto de Tratado que estabelece uma constituição para a Europa identificado na nota anterior. O mesmo raciocínio se aplica ao título do livro.

Na verdade, ao longo da História da Humanidade, a Europa tem sofrido sérias transformações políticas, sociais, económicas e até religiosas. Recorde-se, por exemplo, o Grande Cisma do Ocidente, a Paz de Vestefália, o Congresso de Viena ou a Paz de Versalhes, em que, na sequência de crises e conflitos, mais ou menos graves, se redefiniu a carta geopolítica europeia, bem como os princípios orientadores das relações entre os Estados que a compõem.

Desta feita, os tempos parecem ser outros: é no campo do debate político que se está a travar a grande «batalha» do constitucionalismo europeu. Todavia, não se deve deixar aos políticos a responsabilidade exclusiva de tomarem uma decisão de tão grande envergadura – decisão que nos vai afectar a todos. Antes pelo contrário, compete a cada um de nós, na sua área de conhecimento, e na medida das suas possibilidades, dar o seu contributo, por pequeno que ele seja.

É, pois, num espírito de reflexão, mas também de esclarecimento, dado que o projecto de constituição tem sido alvo de muitos equívocos, que vamos escrever as páginas que se seguem.

Na qualidade de académica que, há quase duas décadas, cultiva o Direito da União Europeia, tentaremos simplificar ao máximo o complexo texto do projecto de constituição, com o objectivo de chegar a um público mais vasto do que o das fronteiras da Universidade. Contudo, não pretendendo perder de vista todos aqueles que procuram o tratamento mais aprofundado dos vários temas, optámos por incluir algumas pistas de investigação nas notas de pé de página.

Lisboa, 30 de Novembro de 2003

ABREVIATURAS UTILIZADAS

AAVV	Autores vários
Ac.	Acórdão
Act. Dr.	Actualités de Droit
ADL	Annales de Droit de Liège
AUE	Acto Único Europeu
BCE	Banco Central Europeu
BEI	Banco Europeu de Investimentos
BEUR	Boletín europeo de la Universidad de La Rioja
Bol. CE	Boletim das Comunidades Europeias
Bul. CE	Bulletin des Communautés Européennes
Cardozo L. Rev.	Cardozo Law Review
CDE	Cahiers de Droit Européen
CE	Comunidade Europeia
CECA	Comunidade Europeia do Carvão e do Aço
CEDH	Convenção Europeia dos Direitos do Homem
CEE	Comunidade Económica Europeia
CEEA	Comunidade Europeia da Energia Atómica
CIG	Conferência Intergovernamental
CJAI	Cooperação Judiciária e em matéria de Assuntos Internos
CMLR	Common Market Law Review
Col.	Colectânea de Jurisprudência do Tribunal de Justiça e do Tribunal de Primeira Instância
cons.	Considerando
CPJP	Cooperação Policial e Judiciária Penal
CV	Convenção de Viena sobre Direito dos Tratados de 1969
DCDSI	Diritto Comunitario e degli Scambi Internazionali
DDC	Documentação e Direito Comparado

Dir.	O Direito
Dir. Un. Eur.	Il Dirittto dell'Unione Europea
DJAP	Dicionário Jurídico da Administração Pública
DöV	Die öffentliche Verwaltung
DVBl	Deutsches Verwaltungsblatt
EFARev.	European Foreign Affairs Review
EHRLR	European Human Rights Law Review
EJIL	European Journal of International Law
ELR	European Law Review
EPL	European Public Law
ERPL / REDP	European Review of Public Law / Revue Européenne de Droit Public
EuGRZ	Europäische Grundrechte – Zeitschrift
EuR	Europarecht
EuZW	Europäische Zeitschrift für Wirtschaftsrecht
GJ	Gaceta juridica de la CE y de la competencia
Int'l Spectator	The International Spectator
JCMS	Journal of Common Market Studies
JOCE	Jornal oficial das Comunidades Europeias/ /Journal officiel des Communautés européennes
JT – Dr. Eur.	Journal des Tribunaux – Droit Européen
JZ	Juristenzeitung
LIEI	Legal Issues of European Intergration
Mich. L. Rev.	Michigan Law Review
Minn. L. Rev.	Minnesota Law Review
MJ	Maastricht Journal of Comparative and International Law
MNE	Ministro dos Negócios Estrangeiros
Neg. Estr.	Negócios Estrangeiros
NJ	Neue Justiz
NJW	Neue Juristische Wochenschrift
NYIL	Netherlands Yearbook of International Law
PE	Parlamento Europeu
PECO's	Países da Europa Central e Oriental
PESC	Política Externa e de Segurança Comum
Pol. Int.	Política Internacional
PSDC	Política de Segurança e Defesa Comum

Quad. Cost.	Quaderni Costituzionali
RAE	Revue des Affaires Européennes
RCADE	Recueil des Cours de l'Académie du Droit Européen
RDES	Revista de Direito e Estudos Sociais
RDUE	Revue de Droit de l'Union européenne
Rec.	Recueil de Jurisprudence de la Cour de Justice des Communautés Europénnes
Rec. Dalloz	Recueil Dalloz
Rev. Bras. Est. Pol.	Revista Brasileira de Estudos Políticos
Rev. Der. Com. Eur.	Revista de Derecho Comunitario Europeo
Rev. Est. Pol.	Revista de Estudios Politicos
Rev. Inst. Eur.	Revista de Instituciones Europeas
RFDC	Revue Française de Droit Constitutionnel
RFDUL	Revista da Faculdade de Direito da Universidade de Lisboa
Riv. Dir. Eur.	Rivista di Diritto Europeo
Riv. Ital. Dir. Pub. Com.	Revista Italiana di Diritto Pubblico Comunitario
RMC	Revue du Marché Commun
RMCUE	Revue du Marché Commun et de l'Union Européenne
RMUE	Revue du Marché Unique Européen
ROA	Revista da Ordem dos Advogados
RTDE	Revue Trimestrielle de Droit Européen
RUDH	Revue Universelle des Droits de l'Homme
Staatswiss. u. Staatspr.	Staatswissenschaft und Staatspraxis
TCE	Tratado institutivo da Comunidade Europeia
TCECA	Tratado institutivo da Comunidade Europeia do Carvão e do Aço
TCEE	Tratado institutivo da Comunidade Económica Europeia
TCEEA	Tratado institutivo da Comunidade Europeia da Energia Atómica
TEDH	Tribunal Europeu dos Direitos do Homem
TIJ	Tribunal Internacional de Justiça
Tilburg Foreign L. Rev.	Tilburg Foreign Law Review
TJ	Tribunal de Justiça
TPI	Tribunal de Primeira Instância
TUE	Tratado da União Europeia
UEM	União Económica e Monetária

vol. Volume
YEL Yearbook of European Law
ZEuS Zeitschrift für Europarechtliche Studien

INDICAÇÃO DE SEQUÊNCIA

A compreensão do projecto de constituição europeia passa pelo seu adequado enquadramento no contexto do Direito da União Europeia, pois ele deve ser entendido como o culminar de um processo, já longo, de constitucionalização da União Europeia[3], cujo início dificilmente se pode precisar no tempo, mas que é, sem dúvida, uma realidade.

---

[3] Ver, mais recentemente, entre outros, INGOLF PERNICE, *Multilevel Constitutionalism in the European Union*, ELR, 2002, p. 511 e ss; KOEN LENAERTS/MARLIES DESOMER, *New Models of Constitution-making in Europe: The Quest for Legitimacy*, CMLR, 2002, p. 1217 e ss; HUGUES DUMONT/SÉBASTIEN VAN DROOGHENBROECK, *La contribution de la Charte à la constitutionnalisation du Droit de l'Union européenne*, in YVES CARLIER/OLIVIER DE SCHUTTER (dir.), La Charte des droits fondamentaux de l'Union européenne – son apport à la protection des droits de l'Homme en Europe, Bruxelas, 2002, p. 61 e ss; CELSO CANCELA OUTEDA, *El processo de constitucionalización de la Unión Europea – de Roma a Niza*, Santiago de Compostela, 2001, maxime p. 243 e ss; ANA MARIA GUERRA MARTINS, *A natureza jurídica da revisão do Tratado da União Europeia*, Lisboa, 2000, p. 303 e ss; INGOLF PERNICE/FRANZ C. MAYER, *De la Constitution composée de l'Europe*, RTDE, 2000, p. 623 e ss; CHRISTIAN WALTER, *Die Folgen der Globalisierung für die europäische Verfassungsdiskussion*, DVBl., 2000, p. 1 e ss; JEAN-CLAUDE PIRIS, *L'Union européenne a-t-elle une constitution? Lui en faut-il une?*, RTDE, 1999, p. 599 e ss; J. H. H. WEILER, *Federalism and Constitutionalism: Europe's* Sonderweg, Working Paper, 2000, in http//www.jeanmonnetprogram.org/papers; INGOLF PERNICE, *Multilevel Constitutionalism and the Treaty of Amsterdam: European Constitution Revisited?*, CMLR, 1999, p. 703 e ss; CHRISTIAN KOENIG, *Ist die Europäische Union verfassungsfähig?*, DÖV, 1998, p. 268 e ss; DENYS SIMON, *Le système juridique communautaire*, 2.ª ed., Paris, 1998, p. 39 e ss; MICHAEL DICKSTEIN, *Der Verfassungsbegriff der Europäischen Union. En même temps une contribution à la naissance de l'État européen*, Linz, 1998, p. 142 e ss; FRANCISCO LUCAS PIRES, *Introdução ao Direito Constitucional Europeu*, Coimbra, 1997, p. 11 e ss; JÖRG GERKRATH, *L'émergence d'un droit constitutionnel pour l'Europe*, Bruxelas, 1997, p. 149 e ss; J. H. H. WEILER, *European Neo-constitutionalism: in Search of Foundations for the European Constitutional Order*, in RICHARD BELLAMY e. a., Constitutionalism in Transformation: European and Theoretical Perspectives, Oxford, 1996, p. 105 e ss

Com efeito, há muito que tanto a doutrina[4] como a jurisprudência do Tribunal de Justiça[5] vêm reclamando a transmutação dos Tratados institutivos das Comunidades Europeias e do Tratado da União Europeia numa constituição da União Europeia em sentido material.

Além disso, o Parlamento Europeu com o intuito de dotar a Europa de uma constituição em sentido formal tem apresentado, ao longo dos tempos, vários projectos de textos constitucionais, a que os Governos, contudo, nunca deram sequência.

Deve, pois, sublinhar-se que, nos meandros da União Europeia, quer ao nível dos órgãos da União Europeia quer ao nível da doutrina, a sensibilização para o debate constitucional é uma realidade muito anterior ao século XXI, pelo que o estudo do actual projecto de constituição europeia, deve ser precedido de uma breve resenha histórica, que reflicta o anterior "estado da questão".

Assim, no primeiro capítulo, trataremos os antecedentes do projecto de constituição europeia, que podem ser considerados como impulsos constituintes. São eles: a transmutação do Tratado da União Europcia, as várias propostas fracassadas de constituições em sentido formal, o esgotamento do modelo internacional, o quase fracasso do Tratado de Nice, a Declaração n.º 23 que lhe foi anexa e ainda as Conclusões do Conselho Europeu de Laeken.

Somente após este breve excurso histórico, estaremos em condições de, num segundo capítulo, nos debruçarmos sobre o método de elaboração do projecto de constituição europeia, que, como veremos, é o método da convenção.

---

[4] Já na década de 60 se encontram defensores da ideia de constitucionalização dos Tratados das Comunidades Europeia. Ver CARL FRIEDRICH OPHÜLS, *Die Europäischen Gemeinschaftsverträge als Planungsverfassungen*, in JOSEPH H. KAISER, Recht und Politik der Planung in Wirtschaft und Gesellschaft, Baden-Baden, 1965, p. 229 e ss; FRITZ MÜNCH, *Prolégomènes à une theorie constitutionnelle des Communautés Européennes*, Riv. Dir. Eur., 1961, p. 127 e ss; LÉONTIN CONSTANTINESCO, *La spécificité du droit communautaire*, RTDE, 1966, p. 9; WERNER J. FELD, *The European Community Court: its Role in the Federalizing Process*, Minn. L. Rev., 1965, p. 423 e ss.

[5] O Tribunal de Justiça afirmou o carácter constitucional dos Tratados institutivos das Comunidades Europeias no Parecer 1/76, de 26/4/77 (Rec. 1977, p. 741 e ss), no ac. de 23/4/86, *os Verdes c. PE*, (proc. 294/83, Rec. 1986, p. 1339 e ss) e no Parecer 1/91, de 14/12/91 (Rec. 1991, p. I-6079 e ss).

Neste domínio, é importante averiguar quais as dificuldades que levanta o método internacional puro, assim como a forma como surgiu o método da convenção e quais as razões do seu sucesso aquando da elaboração da Carta. Seguidamente, estudaremos a Convenção europeia sobre o futuro da Europa, que elaborou o projecto de constituição europeia, e tentaremos a sua caracterização do ponto de vista jurídico.

O capítulo III, que constitui o núcleo essencial deste trabalho, tem por objecto a análise do conteúdo do projecto de constituição.

Sublinhe-se, desde já, que, nesta sede, não é possível tratar com o mesmo desenvolvimento todas as matérias. Ora, tendo nós como principal objectivo contribuir para o debate aberto sobre o projecto de constituição europeia, que se está travando por toda a Europa, pareceu-nos que deveríamos privilegiar, por um lado, as matérias que comportam alguma inovação e, por outro lado, as soluções mais controversas.

Todavia, no que diz respeito aos domínios que já fazem parte do acervo da União – que são muitos –, não deixaremos de chamar a atenção para esse facto, pois ele constitui um argumento importante para demonstrar a ausência de ruptura com o quadro constitucional anterior, bem como, ao contrário do que alguns têm vindo a defender, uma certa evolução na continuidade.

No quarto capítulo, e sem querer fazer futurologia, procuraremos tecer algumas considerações sobre o futuro deste projecto. Tentaremos prever os vários cenários possíveis, sendo certo, porém, que temos consciência que todos eles podem falhar, dado que a conferência intergovernamental ainda não terminou os seus trabalhos.

Por fim, num último capítulo, apresentaremos as conclusões a que chegarmos, que serão necessariamente provisórias, pois trata-se de uma matéria em constante evolução.

CAPÍTULO I

OS ANTECEDENTES DO PROJECTO DE CONSTITUIÇÃO EUROPEIA

1. A transmutação do Tratado da União Europeia

O Tratado da União Europeia, tal como, anteriormente, os Tratados institutivos das Comunidades Europeias, é, na sua origem, do ponto de vista formal, um tratado internacional. Ou seja: é um acordo de vontades entre os Estados membros das Comunidades Europeias, que produz efeitos jurídicos e que se rege, em parte, pelo Direito Internacional.

Porém, a interpretação e aplicação de que tem sido alvo por parte dos diversos operadores jurídicos, neles se incluindo os órgãos da União e os próprios Estados membros, contribuíram para o afastar progressivamente desse modelo, destacando-se hoje, pelo seu conteúdo, como algo de novo, que não se enquadra nas categorias dogmáticas tradicionais.

O processo que conduziu a esse afastamento foi longo. Tivemos oportunidade de o estudar amplamente na nossa tese de doutoramento[6], pelo que, no âmbito deste trabalho, nos limitamos a juntar nossa voz à daqueles que consideram que o Tratado da União Europeia se pode enquadrar num conceito material de constituição[7], o qual é susceptível de apli-

---

[6] ANA MARIA GUERRA MARTINS, *A natureza...*, p. 303 e ss.

[7] Sobre o conceito de constituição em sentido material, ver, entre muitos outros, JORGE MIRANDA, *Manual de Direito Constitucional*, t. II, 4.ª ed., Coimbra, 2000, p. 15 e ss; MICHAEL DICKSTEIN, *Der Verfassungsbegriff...*, p. 27 e ss; JÖRG GERKRATH, *L'émergence...*, p. 67 e ss; KARL BRINKMANN, *Verfassungslehre*, 2.ª ed., Munique, 1994, p. 68 e ss; MARCELLO CAETANO, *Manual de Ciência Política e Direito Constitucional*, t. I, 6.ª ed., Coimbra, 1991, p. 342 e ss; MARCELO REBELO DE SOUSA, *Direito Constitucional – Introdução à Teoria da Constituição*, vol. I, Braga, 1979, p. 41 e ss.

cação a todas as formas de agregação do poder político, que estão para além do Estado.

As razões que nos levam a concluir neste sentido são as seguintes:
– O TUE contém as regras de organização do poder político dentro da União Europeia, tanto ao nível vertical como horizontal, ou seja, no que diz respeito à repartição de atribuições entre os Estados Membros e a União, e no que toca à repartição de poderes entre os órgãos da União, respectivamente[8];
– O TUE estabelece as bases que permitem desenvolver a protecção dos direitos fundamentais dos cidadãos[9];
– O TUE encontra-se numa posição hierárquica superior, quer em relação às normas produzidas na União, quer em relação às normas de produção estadual, prevendo mesmo o controlo judicial da constitucionalidade e da legalidade das mesmas[10];
– O TUE contém regras mais rígidas para a sua revisão do que para a elaboração do direito derivado[11];
– O TUE tem subjacente uma ideia de Direito que assenta nos valores da liberdade, da democracia, do Estado de direito, da protecção dos direitos fundamentais, da justiça social e do pluralismo cultural, isto é, possui uma base axiológica que partilha com os Estados membros[12].

É evidente que a aceitação do carácter constitucional do Tratado da União Europeia pressupõe a libertação dos postulados tradicionais da ciência política e do direito constitucional, que vêm do século XVIII, pois só assim se pode admitir a autonomia da noção de constituição em relação ao Estado[13].

---

[8] Para maiores desenvolvimentos, ver ANA MARIA GUERRA MARTINS, *A natureza...*, p. 336 e ss.

[9] Para maiores desenvolvimentos, ver ANA MARIA GUERRA MARTINS, *A natureza...*, p. 340 e ss.

[10] Para maiores desenvolvimentos, ver ANA MARIA GUERRA MARTINS, *A natureza...*, p. 342 e ss.

[11] Sobre o processo de revisão no TUE, ver *infra* capítulo II.

[12] Para maiores desenvolvimentos, ver ANA MARIA GUERRA MARTINS, *A natureza...*, p. 349 e ss.

[13] Sobre a discussão da ligação intrínseca do conceito de Constituição ao Estado, ver, entre outros, ANA MARIA GUERRA MARTINS, *A natureza...*, p. 274 e ss; JOSEF ISENSEE, *§ 13.º – Staat und Verfassung*, in JOSEF ISENSEE/PAUL KIRCHHOF, *Handbuch des Staatsrechts der*

Actualmente, os fenómenos da Pós-modernidade, tais como a globalização, geram relações de interdependência que não se revêem nos conceitos de soberania, de exclusividade e de autonomia, nos quais o Estado se baseia, e que, em última análise, fundamentam também a ideia de constituição.

A realidade política hodierna é bem outra. Pressupõe múltiplos níveis de decisão política, dando lugar a diferentes centros de decisão política, devendo cada um deles dispor da sua constituição[14].

Mas isso não deve conduzir à banalização do termo constituição[15], dado que, no rigor dos princípios, só entidades que detêm poder político são potencialmente detentoras de constituição. Ora, a União Europeia possui esse poder político, uma vez que produz direito que se aplica directamente aos cidadãos.

A teoria constitucional da Pós-modernidade tem, portanto, de partir de um constitucionalismo global[16], no qual a constituição estadual deve ser encarada como uma das suas partes componentes a par de outras.

2. As propostas fracassadas de constituição europeia em sentido formal

Um problema conexo com o acabado de mencionar, mas independente dele, é o de saber se a União, para responder aos desafios que, hoje em dia, enfrenta, necessita de uma constituição em sentido formal e instrumental.

Bundesrepublik Deutschland, Heidelberga, 1995, p. 592; idem, *Das Volk als Grund der Verfassung: Mythos and Relevanz der Lehre von der verfasssunggebend Gewalt,* Opladen, 1995, *passim*; MARCELO REBELO DE SOUSA, *O valor jurídico do acto inconstitucional*, Lisboa, 1988, p. 11; GEORGES BURDEAU, *Traité de Science Politique*, t. IV, Paris, 1984, *passim*; CARL SCHMITT, *Teoria de la Constitución*, Madrid, 1996 (tradução espanhola), *passim*; MARCELO REBELO DE SOUSA, *Direito Constitucional...*, p. 14; RUDOLF SMEND, *Verfassung und Verfassungsrecht*, Munique, 1928, *passim*; CARRÉ DE MALBERG, *Contribution à la théorie générale de l'État*, t. I, Paris, 1920, *passim*.

[14] Ver, por todos, INGOLF PERNICE, *Multilevel Constitutionalism...*, p. 515 e ss.

[15] Um estudo aprofundado sobre os vários conceitos de constituição, ver, CHRISTOPH MOELLERS, *Verfassungsgebende Gewalt – Verfassung – Konstitutionalisierung*, in ARMIN VON BOGDANDY, *Europäisches Verfassungsrecht – Theoretische und dogmatische Grundzüge*, Berlim, 2003, p. 1 e ss.

[16] Neste sentido, J. J. GOMES CANOTILHO, *Direito Constitucional e Teoria da Constituição*, 6.ª ed., Coimbra, 2002, p. 1349 e ss.

Como já se disse, o Parlamento Europeu tem procedido, sobretudo, após a década de 80, à apresentação de projectos de constituição europeia que, embora não tenham tido sucesso, serviram para marcar a sua posição sobre o assunto.

O primeiro desses projectos foi o Tratado da União Europeia de 1984, que ficou conhecido como o Tratado Spinelli. A análise do conteúdo deste Tratado permite facilmente concluir que, apesar da sua denominação, possui um carácter constitucional[17].

Um outro desses projectos foi aprovado, em 10 de Fevereiro de 1994, pela resolução A3-0064/94.

O PE propunha-se elaborar o projecto definitivo da futura constituição, mas admitia, numa fase prévia, a realização de uma convenção europeia, composta por membros do Parlamento Europeu e dos parlamentos nacionais que estabelecesse as linhas de orientação para essa constituição.

A constituição entraria em vigor quando a maioria dos Estados-membros, que representassem quatro quintos da população, a tivesse ratificado. Os Estados que não ratificassem dentro do prazo previsto poderiam optar por permanecer na União alterada ou por a abandonar (art. 47.º do projecto)[18].

---

[17] Sobre o Tratado Spinelli, ver, entre outros, DUSAN DIJANSKI, *Du projet de Traité d'Union du Parlement Européen à l'Acte Unique Européen*, Rev. Int. Eur., 1987, p. 109 e ss; F. CAPOTORTI e. a., *Le Traité d'Union Européenne – Commentaire*, Bruxelas, 1985, *passim*; JEAN-PAUL JACQUÉ, *The Draft Treaty Establishing the European Union*, CMLR, 1985, p. 19 e ss; F. CAPOTORTI, *La structure institutionnelle de l'Union Européenne*, in L'Union européenne – Colloque organisé par les Cahiers de Droit Européen à l'occasion de son vingtième anniversaire, CDE, 1985, p. 505 e ss; JEAN-VICTOR LOUIS, *Principes de base et modalités de l'action de l'Union Européenne*, In l'Union européenne ..., p. 530; JOHN STEENBERGER, *Les politiques de l'Union*, in L'Union européenne..., p. 553; JOSEPH WEILER/JAMES MODRALL, *Institutional Reform: Consensus or Majority*, ELR, 1985, p. 316 e ss; MAURO FERRI, *Le projet de Traité de l'Union Européenne*, ADL, 1984, p. 275 e ss; DIETMAR NICKEL, *Le project de Traité instituant l'Union Européenne elaboré par le Parlement Européen*, CDE, 1984, p. 149 e ss; PAUL DE SAINT-MIHIEL, *Le projet de Traité instituant l'Union Européenne*, RMC, 1984, p. 149 e ss; CLAUS-DIETER EHLERMANN, *Réflexions sur les structures institutionnelles de la Communauté*, ADL, 1984, p. 307 e ss.

[18] Sobre este projecto de constituição europeia, ver CARLA AMADO GOMES, *A natureza constitucional do Tratado da União Europeia*, Lisboa, 1997, p. 70 e ss; CHRISTIANE GOUAUD, *Le projet de Constitution européenne*, RFDC, 1995, p. 287 e ss; ERNST-ULRICH PETERSMANN, *How Can the European Union Be Constitutionalized? The European Parliament's Proposal for a «Constitution for the European Union»*, Aussenwirtschaft, 1995,

Mais recentemente, já no século XXI, na sequência do célebre discurso do Ministro dos Negócios Estrangeiros alemão JOSCHKA FISCHER, na Universidade Humboldt, em Berlim, em 12 de Maio de 2000[19], a problemática da constituição europeia voltou à ordem do dia, bem como aos discursos políticos dos mais diversos quadrantes.

No plano dos princípios, desde o momento em que a União Europeia possui poder político, que exerce directamente sobre os cidadãos sem mediação por parte dos Estados, deve possuir uma constituição, pois, só, desse modo, se conseguirá, num quadro jurídico, limitar adequadamente o seu poder frente aos cidadãos[20].

---

p. 171 e ss; MARTIN SEIDEL, *Basic Aspects of a European Constitution*, Aussenwirtschaft, 1995, p. 221 e ss; FRANCESC DE CARRERAS SERRA, *Por una Constitucion europea*, Rev. Est. Pol., 1995, p. 193 e ss; HELMUT LECHELER, *Braucht die "Europäische Union" eine Verfassung? Bemerkungen zum Verfassungsentwurf des europäischen Parlaments vom 9. September 1993*, in Gedächtnisschrift f. E. GRABITZ, p. 393 e ss; ANDREAS HELDRICH/HORST EIDENMÜLLER, *European Constitutionalism*, in MARIE-THERES TINNEFELD e. a., Information Gesellschaft und Rechtskultur in Europa: Informationelle und politische Teilhabe in der Europäischen Union, Baden-Baden, 1995, p. 203 e ss; AAVV, *A Constitution for the European Union? Proceedings of a Conference*, 12-13 May 1994, EUI Working Paper RSC, n.º 95/9; MARCELINO OREJA (dir.), *La Constitución Europea*, Madrid, 1994, *passim*.

[19] Tradução portuguesa no n.º 22 da Revista Política Internacional, p. 47 e ss. Sobre as propostas de FISCHER, ver os comentários de RENAUD DEHOUSSE, *Rediscovering Funcionalism*; CHARLES LEBEN, *Fédération d'États-nations ou Etat fédéral?*; DIETMAR NICKEL, *Maintaining and Improving the Institutional Capacities of the Enlarged European Union*; HELEN WALLACE, *Possible Futures for the European Union: A British Reaction*, que fazem parte do Jean Monnet Working Paper n.º 7, disponível no sítio http://www.jeanmonnetprogram.org/papers.

[20] Neste sentido, KOEN LENAERTS/MARLIES DESOMER, *New Models...*, p. 1219. No sentido de que se deve criar uma constituição europeia, ver ainda ANA MARIA GUERRA MARTINS, *A revisão do Tratado e a constitucionalização da União Europeia*, in Estudos de Direito Público, vol. I, Coimbra, 2003, p. 172 e ss; ANTÓNIO VITORINO, *A Europa depois de Nice*, Pol. Int., 2001, n.º 23, p. 42 e ss; ROBERT TOULEMON, *Quelle Constitution pour quelle Europe?* RMCUE, 2001, p. 303 e ss; ERNST-ULRICH PETERSMANN, *Proposals for a New Constitution for the European Union: Building-Blocks for a Constitutional Theory and Constitutional Law of the EU*, CMLR, 1995, p. 1123 e ss; FRANK VIBERT, *Europe: Constitution for the Millennium*, Aldershot, 1995, *passim*; DIETER GRIMM, *Braucht Europa eine Verfassung?*, Munique, 1995, *passim*; WERNER WEIDENFELD (Org.), *Wie Europa verfaβt sein soll – Materialen zur Politischen Union*, Gütersloh, 1991, *passim*.

3. A pré-falência do modelo internacional

Na verdade, a ideia de constituição europeia parece impor-se, essencialmente, por três razões:
- Em primeiro lugar, a necessidade de adequação de um quadro formal – que é internacional –, ao quadro material – que é constitucional;
- Em segundo lugar, a exigência de limitação do poder político da União e a consequente melhor protecção dos cidadãos num âmbito constitucional;
- Em terceiro lugar, uma razão pragmática importante, qual seja a da pré-falência do actual modelo internacional.

Com efeito, o modelo internacional foi pensado para uma Europa composta por seis Estados membros, que se caracterizavam por uma certa homogeneidade, o que facilitava a obtenção de consensos em relação a todos os aspectos.

O alargamento da Comunidade a outros Estados economicamente menos desenvolvidos[21], com preocupações muito diversas[22], levou à desestabilização desse modelo. Essa instabilidade aumentou com o aprofundamento operado em Maastricht, através da inclusão da componente política na integração europeia[23], e continuará a crescer com o próximo alargamento aos países da Europa Central e de Leste.

---

[21] Os desníveis económicos dos Estados vão ditar divergências, por exemplo, ao nível da abertura de mercados e da coesão económica e social, pois enquanto a primeira interessa, sobretudo, aos Estados produtores, a segunda é vista como uma questão fulcral pelos Estados mais pobres.

[22] A heterogeneidade dos Estados membros da União Europeia vai muito para além da economia. Assim, as preocupações ambientais ou de defesa dos consumidores são encaradas de modo completamente diferente na Europa do Norte e Central e no Sul da Europa.

O modo como os Estados encaram a defesa e a segurança externa apresenta também divergências consideráveis. A par de Estados membros permanentes do Conselho de Segurança e de potências nucleares, temos Estados que assumem um estatuto de quase neutralidade, o que, obviamente, não facilita a obtenção de consensos.

[23] Com o Tratado de Maastricht dá-se o culminar do processo económico de integração com a previsão da união económica e monetária, bem como o início de um processo de integração política, que ainda está em curso. Para uma visão geral do Tratado de Maastricht ver, do muito que se escreveu, AAVV, *A União Europeia na encruzilhada*, Coimbra, 1996, *passim*; AAVV, *A União Europeia*, Coimbra, 1994, *passim;* JIM CLOOS e. a., *Le traité de Maastricht – genese, analyse, commentaires,* Bruxelas, 1993, p. 114 e ss; VLAD CONS-

A prova do que acaba de se afirmar está nas sucessivas revisões de que o Tratado foi alvo após 1990, em especial, numa espécie de «moda» que se gerou no sentido da previsão das próximas conferências intergovernamentais. Foi assim com o Tratado de Maastricht, que ao entrar em vigor, em 1 de Novembro de 1993, previu a convocação de uma CIG para 1996. Conferência essa que veio dar lugar ao Tratado de Amesterdão, que, entrou em vigor, em 1 de Maio de 1999, e também previu a convocação de uma outra CIG para 2000. Esta CIG aprovou o Tratado de Nice que, para não fugir à regra, anunciou a CIG que está a decorrer.

Ora, esta permanente revisão em que o TUE se encontra, há mais de uma década, não parece contribuir para gerar nos cidadãos a necessária confiança nas instituições e na própria União, sendo, aliás, contrária às mais elementares exigências do Direito, quais sejam a estabilidade, a segurança e a certeza jurídicas.

Além disso, o aprofundamento da integração europeia tem conduzido à necessidade de obter consensos sobre questões que se situam, cada vez mais, no cerne da soberania dos Estados, como é o caso da matéria relativa à reforma institucional da União, em que o que se discute é, fundamentalmente, a distribuição de Poder dentro da União. Esses consensos são tanto mais difíceis de obter quanto maior for o número de Estados, pelo que os sucessivos alargamentos só têm contribuído para os dificultar.

TANTINESCO, *La structure du Traité instituant l'Union Européenne – les dispositions communes et finales; les nouvelles compétences,* CDE, 1993, p. 251 e ss; DEIRDRE CURTIN, *The Constitutional Structure of the Union: A Europe of Bits and Pieces,* CMLR, 1993, p. 17 e ss; ANA MARIA GUERRA MARTINS, *O Tratado da União Europeia – contributo para a sua compreensão,* Lisboa, 1993, p. 20 e ss; J. MONAR e.a., The Maastricht Treaty on European Union, Bruxelas, 1993, *passim*; FAUSTO DE QUADROS/FERNANDO BASTOS, *União Europeia,* DJAP, vol. VII, p. 543 e ss; C. ALIBERT, *Union Européenne, in* AMI BARAV e. a., Dictionnaire juridique des Communautés Européennes, Paris, 1993, p. 1136 e ss; FERNANDO LOUREIRO BASTOS, *A União Europeia – Fins, objectivos e estrutura orgânica,* Lisboa, 1993, p. 19 e ss; ARACELI MANGAS MARTIN, *El Tratado de Unión Europea: análisis de su estructura,* GJ, 1992, p. 19 e ss; CLAIRE-FRANÇOISE DURAND, *Le Traité de l'Union Européenne (Maastricht, 7 février 1992) – quelques réflexions, in* Commentaire MEGRET. Le droit de la CEE, vol. 1, 2.ª ed., Bruxelas, 1992, p. 360 e ss; ULRICH EVERLING, *Reflections on the Structure of the European Union,* CMLR, 1992, p. 1056 e ss; YVES DOUTRIAUX, *Le Traité sur l'Union Européenne,* Paris, 1992, *passim.*

4. O Tratado de Nice

A prova das dificuldades, a que acaba de se aludir, está nas negociações e no resultado final da CIG 2000, que conduziram ao Tratado de Nice[24].

Verificou-se aí, pela primeira vez, um antagonismo, claramente assumido entre, por um lado, os grandes e, por outro lado, os pequenos e médios na luta pelo Poder dentro da União[25]. É certo que as matérias em debate – a composição da Comissão, a ponderação de votos e as regras de votação no seio do Conselho – já se arrastavam desde Maastricht, continuaram sem solução em Amesterdão, mas tinham de ser, obrigatoriamente, resolvidas em Nice, devido ao futuro alargamento aos países da Europa Central e de Leste.

O resultado final da conferência de Nice foi para muitos, não só decepcionante[26], como também demasiado complexo[27] e assaz difícil de

---

[24] Sobre as dificuldades de obter consensos em Nice, ver, entre outros, ANA MARIA GUERRA MARTINS, *Portugal and the Treaty of Nice: the Fight against the «Big» Ones*, in Estudos de Direito Público, Vol. I, Lisboa, 2003, p. 141 e ss; *Idem, O Tratado de Nice de Nice – a reforma institucional e o futuro da Europa*, in RUI MANUEL DE MOURA RAMOS e. a. (org.), Estudos em homenagem à Professora Doutora Magalhães Collaço, vol. I, Coimbra, 2002, p. 779 e ss; FRANCISCO SEIXAS DA COSTA, *Portugal e o Tratado de Nice – Notas sobre a estratégia negocial portuguesa*, Neg. Estr., 2001, n. 1, p. 45 e ss; CLAUDE BLUMANN, *La conférence intergouvernementale 2000 et le traité de Nice*, in Les procédures de révision des traités communautaires : du droit international au droit communautaire, Bruxelas, 2001, p. 88 e ss; CESÁREO GUTIÉRREZ ESPADA, *Una reforma «difícil pero productiva»: la revision institucional en el Tratado de Niza*, Rev. Der. Com. Eur., 2001, p. 28 e ss; XENOPHON A. YATAGANAS, *The Treaty of Nice: The Sharing of Power and the Institutional Balance in the European Union – A Continental Perspective*, ELJ, 2001, p. 243 e ss; PIETER VAN NUFFEL, *Le traité de Nice – un commentaire*, RDUE, 2001, p. 332 e ss; THOMAS WIEDMANN, *Der Vertrag von Nizza – Genesis einer Reform*, EuR, 2001, p. 185 e ss; FRANCISCO J. FONSECA MORILLO, *De Berlín a Niza: panorama y lecciones*, BEUR, 2001, p. 2 e ss; FRANCISCO ALDECOA LUZARRAGA, *La apertura del processo constituyente*, BEUR, 2001, p. 7 e ss.

[25] O relato pormenorizado da evolução dos trabalhos da CIG 2000 pode ver-se no sítio: http://www.europa.eu.int/comm/archives/igc2000.

[26] Neste sentido, FRANKLIN DEHOUSSE, *Le Traité de Nice: un tournant fondamental dans l'histoire de l'intégration européenne*, JT, 2001, p. 413; JEAN-MARC FAVRET, *Le Traité de Nice du 26 février 2001: vers un affaiblissement irréversible de la capacité d'action de l'Union européenne?*, RTDE, 2001, p. 303; KIERAN ST C BRADLEY, *Institutional Design in the Treaty of Nice*, CMLR, 2001, p. 1122 e ss.

[27] Neste sentido, FRANKLIN DEHOUSSE, *Le Traité de Nice...*, p. 409.

concretizar na prática[28]. Uma parte das reformas introduzidas no Tratado limitou-se a adiar a decisão definitiva para momentos posteriores ao da entrada em vigor do Tratado e a outra parte depende de decisões subsequentes do Conselho, por unanimidade[29].

Em consequência, ninguém auspiciou grande futuro ao Tratado de Nice. Aliás, este Tratado chegou mesmo a correr o sério risco de nem sequer chegar a entrar em vigor, devido ao "não" do primeiro referendo irlandês. Efectivamente, como só podia entrar em vigor no primeiro dia do segundo mês seguinte ao do depósito do instrumento de ratificação do Estado signatário que procedesse a essa formalidade em último lugar, e como, de acordo com o direito constitucional irlandês, após o primeiro referendo negativo, a ratificação do Tratado só se poderia realizar após um novo referendo, a Irlanda somente pôde proceder à ratificação do Tratado de Nice após um segundo referendo positivo, em Novembro de 2002, acabando o Tratado por entrar em vigor em 1 de Fevereiro de 2003.

5. A Declaração n.º 23 anexa ao Tratado de Nice

A insatisfação generalizada, que o Tratado de Nice provocou, foi evidente aos vários níveis da União, tendo conduzido à inclusão no próprio Tratado de uma declaração – a declaração n.º 23 –, respeitante ao futuro da União[30,31], que foi adoptada pela Conferência.

Essa declaração previu a convocação de uma conferência intergovernamental para 2004, com o objectivo de se debruçar, entre outras, sobre as seguintes questões:

---

[28] Neste sentido, ANTÓNIO VITORINO, *A Europa* ..., p. 40.

[29] Ver ANA MARIA GUERRA MARTINS, *O Tratado de Nice* ..., p. 384 e ss.

[30] Sobre a declaração n.º 23 respeitante ao futuro da União Europeia, ver ANA MARIA GUERRA MARTINS, *O Tratado de Nice...*, p. 812 e ss; BRUNO DE WITTE, *The Nice Declaration: Time for a Constitutional Treaty of the European Union,* The Int. Spect., 2001, p. 21 e ss; ROBERT TOULEMON, *Quelle Constitution...*, p. 293 e ss; JÜRGEN SCHWARZE, *Perspektiven für die Reform der europäischen Gemeinschaftsverträge nach Beschlüssen von Niza,* EuZ, 2001, p. 76 et suiv; JAN WOUTERS, *Institutional and Constitutional Challenges of the European Union,* ELR, 2001, p. 353 et suiv; PIETER VAN NUFFEL, *Le traité de Nice...,* p. 385; MICHEL PETITE, *Nice, traité existentiel, non essentiel,* RDUE, 2001, p. 887.

[31] Esta declaração já foi considerada, «a prazo, o elemento mais importante do Tratado de Nice». Neste sentido, PIETER VAN NUFFEL, *Le traité de Nice...,* p. 385.

- o estabelecimento e a manutenção de uma delimitação mais precisa das competências entre a União Europeia e os Estados membros, que respeite o princípio da subsidiariedade;
- o estatuto da Carta dos Direitos Fundamentais da União Europeia proclamada em Nice, de acordo com as conclusões do Conselho Europeu de Colónia;
- a simplificação dos Tratados a fim de os tornar mais claros e mais compreensíveis, sem alterar o seu significado;
- o papel dos parlamentos nacionais na arquitectura europeia.

Como decorre claramente da expressão *entre outras*, esta enumeração não é taxativa, pelo que a actual conferência intergovernamental tem competência para se debruçar sobre qualquer aspecto relativo à União.

Deve, todavia, desde já, sublinhar-se que as questões apontadas na declaração n.º 23 contribuem, indubitavelmente, para centrar o debate sobre o futuro da integração europeia no plano constitucional, embora nunca se refira, expressamente, o caminho da aprovação de uma constituição europeia.

Mas o certo é que a posição que se tomar quanto a cada um dos *items* enunciados na declaração não pode deixar de ter repercussão no futuro modelo de integração europeia. Quer dizer: a declaração n.º 23 parece ter empurrado a Europa, irreversivelmente, para a escolha entre dois modelos diferentes:
- o modelo comunitário, que implica a manutenção do *status quo* actual;
- o modelo constitucional, que impõe o desenvolvimento do modelo actual no sentido de um maior aprofundamento da integração.

6. O Conselho Europeu de Laeken

Na sequência da declaração mencionada, o Conselho Europeu de Laeken, de 15 de Dezembro de 2001, decidiu convocar uma convenção para assegurar uma preparação tão ampla e transparente quanto possível da próxima conferência intergovernamental, tendo nomeado como seu Presidente Valéry Giscard d'Estaing e como Vice-Presidentes Giuliano Amato e Jean-Luc Dehaene[32].

---

[32] Ver conclusões da Presidência no servidor Europa da Internet http://europa-eu.int.

Capítulo I – Os Antecedentes

A convenção europeia sobre o futuro da Europa foi encarregue, pelo Conselho Europeu de Laeken, de formular propostas sobre três matérias:
– a aproximação dos cidadãos do projecto europeu e das instituições europeias;
– a estruturação da vida política e do espaço político europeu numa União alargada;
– a consagração da União num factor de estabilização e numa referência na nova ordem mundial.

De acordo com o mandato do Conselho Europeu, que consta do anexo I das Conclusões da Presidência, sob o título Declaração de Laeken sobre o futuro da União Europeia, a convenção tem por missão examinar as questões essenciais que se colocam ao desenvolvimento futuro da União e procurar as diferentes respostas possíveis, para o que estabelecerá um documento final que poderá compreender tanto diferentes opções, precisando o apoio que cada uma delas recolheu, como recomendações em caso de consenso.

Do exposto resulta que o Conselho Europeu de Laeken não conferiu qualquer mandato expresso à convenção para elaborar uma constituição para a Europa. O anexo I das Conclusões já referido, apenas menciona o termo «texto constitucional» e «constituição» a propósito da simplificação e da reorganização dos Tratados, mas sempre ao lado do termo «tratado», sem nunca manifestar preferência por um ou por outro. Além disso, as referências aos termos «tratado constitucional» e «constituição» aparecem sempre em jeito de interrogação, nunca de afirmação.

Porém, devido, sobretudo, à persistência do seu Presidente, os trabalhos da convenção foram orientados, desde muito cedo, no sentido da adopção de um projecto de constituição europeia ou de tratado constitucional[33].

---

[33] A utilização de um ou de outro termo não é isenta de dificuldades, isto porque os conceitos de constituição e de tratado são dos mais controversos da teoria do Direito Público e, além disso, a distinção entre tratado e constituição nem sempre é inequívoca. Basta lembrar que há casos de constituições aprovadas por tratado e de tratados que criam Estados. O exemplo mais citado – principalmente na doutrina alemã – é o da constituição do Império alemão de 1871. Os tratados foram ratificados pelas partes contratantes (os princípes e as cidades livres) e, por fim, codificados no acto de constituição do Império Alemão de 16 de Abril de 1871. Mais recentemente, pode referir-se o caso dos acordos de Dayton, que aprovaram a constituição da Bósnia-Herzegovina em 1995. Sobre as dificuldades de distinguir as duas realidades, ver, por todos, LUIS MARÍA DIEZ-PICAZO, *Tratados y Constitución*, in Constitucionalismo de la Unión Europea, Madrid, 2002, p. 81 e ss.

Convém, todavia, sublinhar que a competência da convenção se esgotou na preparação do projecto a apresentar à CIG, sendo agora a esta última que compete tomar as decisões definitivas. Assim, as alterações a introduzir no Tratado da União Europeia, sejam elas profundas ou não, terão sempre de ser aprovadas pela conferência intergovernamental.

CAPÍTULO II

O MÉTODO DE ELABORAÇÃO
DO PROJECTO DE CONSTITUIÇÃO EUROPEIA

7. As insuficiências do método da conferência internacional

Antes de analisar o método de elaboração do projecto de constituição europeia, convém referir que uma das principais razões da aparente falência do modelo do tratado internacional radica no seu processo geral de revisão, previsto no artigo 48.º do Tratado da União Europeia[34].

Trata-se de um processo dominado, em grande medida, pelos Estados, que assenta numa conferência intergovernamental, na qual a tomada de decisão é muito difícil, devido ao emprego da regra da unanimidade. Posteriormente, são necessárias as ratificações por parte dos Estados, de acordo com os seus direitos constitucionais, sendo que as alterações só entrarão em vigor após o depósito do último instrumento de ratificação. Ou seja, este processo assenta, num duplo sentido, na unanimidade e nos Estados.

---

[34] Sobre o processo de revisão do Tratado da União Europeia, ver AAVV, *Les procédures de révision des traités communautaires : du droit international au droit communautaire*, Bruxelas, 2001, *passim*; ANA MARIA GUERRA MARTINS, *A natureza...*, p. 425 e ss; CHRISTIAN KOENIG/MATTHIAS PECHSTEIN, *EU-Vertragsänderungen*, EuR, 1998, p. 144 e ss; WERNER MENG, *Art N in* HANS VON DER GROEBEN e. a., Kommentar zum EU-/EG-Vertrag, vol. 5, 5.ª ed., Baden-Baden, 1997, p. 1103 e ss; MAR CAMPINS ERITJA, *La revisione del Tratado de la Union Europea*, GJ, 1995 (Oct.), p. 9 e ss; B. DE WITTE, *Rules of Change in International Law: How Special is the European Community?*, NYIL, 1994, p. 310 e ss; ARACELI MANGAS MARTIN, *La dinámica de las revisiones de los tratados y los déficits estructurales de la Unión Europea: reflexiones generales criticas*, *in* Estudios in homenaje al Professor M. DIEZ VELASCO, Madrid, 1993, p. 1055 e ss.

Além disso, sofre de um acentuado défice democrático, pois as modificações do Tratado vão produzir efeitos directos na esfera jurídica dos cidadãos, mas eles são chamados a dar o seu acordo, na maior parte dos casos, de forma indirecta através dos seus representantes, isto é, apenas no momento final da ratificação. A participação dos cidadãos dá-se, portanto, num momento em que tudo está decidido, sendo-lhes reservado apenas uma espécie de «direito de veto».

Está-se, pois, muito longe de um modelo ideal de democracia representativa, em que as decisões políticas, de que o poder de rever é uma das principais manifestações, devem ser tomadas por representantes o mais próximo possível dos cidadãos. Aqui, pelo contrário, a democracia representativa funciona em escalões: os cidadãos elegem os seus representantes ao nível nacional e são esses representantes que vão negociar e aprovar as alterações ao Tratado, o qual cria um nível de decisão política acima dos Estados, cujo Direito se aplica directamente aos cidadãos.

Deveria, portanto, existir nesse processo uma participação mais activa, embora não exclusiva, de órgãos representativos dos cidadãos da União.

8. O método da Convenção

O método da convenção pretende, precisamente, ultrapassar o défice democrático do processo de revisão, uma vez que os órgãos representativos dos cidadãos, como é o caso do Parlamento Europeu e dos parlamentos nacionais, actuam numa fase preparatória da decisão final e, como tal, podem ainda influenciá-la.

Este método foi, pela primeira vez, ensaiado aquando da elaboração da Carta dos Direitos Fundamentais da União Europeia, na sequência de uma decisão do Conselho Europeu de Colónia, de 3 e 4 de Junho de 1999. Alguns meses mais tarde, o Conselho Europeu de Tampere, de 15 e 16 de Outubro de 1999[35], optou por criar um grupo, com representação das várias bases de legitimidade política, que deveria apresentar as suas conclusões ao Conselho Europeu.

---

[35] As conclusões do Conselho Europeu de Tempere estão publicadas no Boletim da União Europeia n.º 10/1999.

Nessa convenção estiveram representados os parlamentos nacionais, o Parlamento Europeu, os Governos dos Estados membros, bem como a Comissão, tendo participado como observadores permanentes, o Conselho da Europa e o Tribunal de Justiça, com direito a usar da palavra. Além disso, verificou-se uma grande abertura à sociedade civil.

Na época, este processo foi considerado bastante original[36], dado que se afastou da prática comunitária seguida até então em matéria de trabalhos preparatórios do direito originário, que se consubstanciava, fundamentalmente, na nomeação de um grupo de peritos pelos Estados membros ou pelo Conselho, com a incumbência de apresentar as suas conclusões e/ou propostas ao Conselho ou ao Conselho Europeu.

O grupo autodenominou-se Convenção, fazendo lembrar a Convenção de Filadélfiac que elaborou a Constituição norte-americana. Porém, convém salientar que esta convenção não pode ser encarada como uma assembleia constituinte, pois falta-lhe, desde logo, a legitimidade democrática, isto porque, nem os membros do Parlamento Europeu nem os membros dos parlamentos nacionais, que são eleitos por sufrágio directo e universal, se encontravam mandatados pelos seus eleitores para criarem uma carta de direitos fundamentais que se destinasse a servir de base a uma constituição europeia.

Não obstante, este processo de elaboração teve como vantagem a maior proximidade em relação aos cidadãos da União em comparação com os processos de nomeação de grupos de peritos mencionados.

---

[36] Sobre o carácter original do processo de elaboração da Carta, ver, entre outros, GILLES DE KERCHOKE, *L'initiative de la Charte et le processus de son élaboration*, in YVES CARLIER/OLIVIER DE SCHUTTER (dir.), La Charte..., p. 29 e ss; FRANCISCO DEL POZO RUIZ, *Diez notas a propósito de la Carta de los derechos fundamentales de la Unión Europea*, BEUR, 2001, p. 60 e ss; GRÁINNE DE BÚRCA, *The Drafting of the European Union Charter of Fundamental Rights*, ELR, 2001, p. 138; WOLFGANG DIX, *Charte des droits fondamentaux et convention – de nouvelles voies pour réformer l'UE ?*, RMCUE, 2001, p. 307 e ss; ANA MARIA GUERRA MARTINS, *A Carta dos Direitos Fundamentais da União Europeia e os direitos sociais*, Direito e Justiça, 2001, p. 211 e ss; JEAN-PAUL JACQUÉ, *La démarche initiée par le Conseil européen de Cologne*, RUDH, 2000, p. 3 e ss; JACQUELINE DUTHEIL DE LA ROCHÈRE, *La Convention sur la Charte des droits fondamentaux et le processus de construction européenne*, RMCUE, 2000, p. 223 e ss; Idem, *La Charte des droits fondamentaux de l'Union européenne: quelle valeur ajoutée, quel avenir?*, RMCUE, 2000, p. 674 e ss; ALBRECHT WEBER, *Die Europäische Grundrechtscharta – auf dem Weg zu einer europäischen Verfassung*, NJW, 2000, p. 538.

Além disso, do ponto de vista da legitimidade democrática, o método da convenção também apresenta vantagens relativamente ao processo de revisão, previsto no art. 48.º do Tratado da União Europeia. Na verdade, neste último caso, os parlamentos nacionais só participam numa fase em que o texto aprovado pela conferência intergovernamental já se não pode alterar e o Parlamento Europeu tem uma competência, meramente, consultiva.

Dessa convenção saiu um texto denominado Carta dos Direitos Fundamentais da União Europeia, cujo principal objectivo não era o de criar direitos novos, mas sim o de tornar visíveis os direitos já existentes e que faziam parte do património comum dos europeus. Ou seja, o principal objectivo desse documento era a segurança jurídica e a consequente protecção dos cidadãos[37].

Do exposto resulta que a missão confiada a esta primeira convenção, se comparada com a missão da Convenção sobre o futuro da Europa, era relativamente simples, uma vez que existe, desde a década de 70, toda uma jurisprudência nacional e comunitária[38], em matéria de protecção de direi-

---

[37] Neste sentido, RUI MEDEIROS, *A Carta dos Direitos Fundamentais da União Europeia, a Convenção Europeia dos Direitos do Homem e o Estado português*, in Nos 25 anos da Constituição da República Portuguesa de 1976, Lisboa, 2001, p. 15 e ss; ANTÓNIO VITORINO, *La Charte des droits fondamentaux de l'Union européenne*, RDUE, 2000, p. 501.

[38] A jurisprudência do TJ em matéria de direitos fundamentais é muito vasta, ver, entre outros, os acórdãos de 12/11/69, *Stauder*, proc. 29/69, Rec. 1969, p. 419; 17/12/70, *Internationale Handelsgesellschaft*, proc. 11/70, Rec. 1970, p. 1125; 14/5/74, *Nold*, proc. 4/73, Rec. 1974, p. 491; 8/10/74, *Union Syndicale*, proc. 175/73, Rec. 1974, p. 917; 23/10/74, *Transocean Marine Paint*, proc. 17/74, Rec. 1974, p. 1080; 28/10/75, *Rutili*, proc. 36/75, Rec. 1975, p. 1219; 27/10/76, *Prais*, proc. 130/75, Rec. 1976, p. 1589; 19/10/77, *Ruckdeschel*, proc. 117/76 e 16/77, Rec. 1977, p. 1753; 15/6/78, *Defrenne*, proc. 149/77, Rec. 1978, p. 1365; 13/2/79, *Hoffmann-la Roche*, proc. 85/76, Rec. 1979, p. 461; 13/12/79, *Hauer*, proc. 44/79, Rec. 1979, p. 2727; 18/3/80, *Valsabbia*, proc. 154/78, Rec. 1980, p. 907; 5/3/80, *Ferweda*, proc. 265/78, Rec. 1980, p. 617; 26/6/80, *National Panasonic*, proc. 136/79, Rec. 1980, p. 2033; 18/5/82, *AM et S*, proc. 155/79, Rec. 1982, p. 1575; 10/7/84, *Regina c. Kent Kirk*, proc. 63/83, Rec. 1984, p. 2689; 15/5/86, *Johnston*, proc. 222/84, Rec. 1986, p. 1651; 8/10/86, *Keller*, proc. 234/85, Rec. 1986, p. 2897; 25/11/86, *Klensch*, proc. 201 e 202/85, Rec. 1986, p. 3477; 11/6/87, *Pretore de Salo*, proc. 14/86, Rec. 1987, p. 2545; 15/10/87, *Heylens*, proc. 222/86, Rec. 1987, p. 4112; 13/7/89, *Wachauf*, proc. 5/88, Rec. 1989, p. 2609; 11/7/89, *Schräder*, proc. 265/87, Rec. 1989, p. 2237; 18/10/89, *Orkem-Solvay*, proc. 374/87 e 27/88, Rec. 1989, p. 3283; 21/9/89, *Hoechst*, proc. 43 e 63/89, Rec. 1989, p. 2930; 18/6/91, *ERT*, proc. C-260/89, Rec. 1991, p. I-2925; 10/7/91, *Neu E. A.*, proc. C-90 e C-91/90, Rec. 1990, p. I-3617; 5/10/94, *Ale-*

tos fundamentais na União Europeia que contribuiu para gerar os consensos necessários [39].

Além disso, a Carta baseou-se em sólidas fontes de inspiração, a saber:

– a Convenção Europeia de Direitos do Homem, no que diz respeito aos direitos civis e políticos;
– o próprio Tratado, em matéria dos direitos do cidadão;

---

magne c. Commission, proc. C-280/93, Rec. 1994, p. I-4701; 5/10/94, *TV 10 SA*, proc. C-23/93, Rec. 1994, p. I-4795; 29/5/97, *Kremzow*, proc. C-299/95, Rec. 1997, p. I-2629.

[39] Sobre a protecção dos direitos fundamentais no Direito da União Europeia, ver, do muito que se escreveu a este propósito, MIGUEL GORJÃO-HENRIQUES, *A evolução da protecção dos direitos fundamentais no espaço comunitário*, in AAVV, Carta de Direitos Fundamentais da União Europeia, Coimbra, 2001, p. 17 e ss; ADRIANA APOSTOLI, *La « Carta dei diritti» dell'Unione Europea*, Brescia, 2000, p. 1 e ss; MARIA LUÍSA DUARTE, *A União Europeia e os Direitos Fundamentais. Métodos de protecção*, in Estudos de Direito da União e das Comunidades Europeias, Coimbra, 2000, p. 11 e ss; JOËL RIDEAU, *Le rôle de l'Union européenne en matière de protection des droits de l'homme*, RCADE, 1997, tomo 265, Haia, 1999, p. 29 e ss; PHILIP ALSTON (ed.), *The EU and Human Rights*, Oxford, 1999, *passim*; HENRI LABAYLE, *Droits fondamentaux et droit européen*, AJDA, 1998, p. 75 e ss; JEAN-FRANÇOIS AKANDJI-KOMBÉ, *Jurisprudence communautaire récente en matière de droits fondamentaux – 1er décembre 1996 – 30 novembre 1997*, CDE, 1998, p. 353 e ss; GIL CARLOS RODRIGUEZ IGLESIAS/ALEJANDRO VALLE GÁLVEZ, *El derecho comunitario y las relaciones entre el Tribunal de Justicia de las Comunidades Europeas, el Tribunal Europeo de Derechos Humanos y los Tribunales Constitucionales nacionales*, Rev. Der. Com. Eur., 1997, p. 329 e ss; J. H. H. WEILER/NICHOLAS J.S. LOCKHART, *"Taking Rights Seriously" Seriously: The European Court and its Fundamental Rights Jurisprudence*, CMLR, 1995, p. 51 e ss e 579 e ss; NANETTE A. E. M. NEUWAHL, *Principles of Justice, Human Rights and Constitutional Principles within the European Union – a Framework for Analysis*, in ESA PAASIVIRTA e. a. (eds), Principles of Justice and the Law of the European Union – Proceedings of the COST A7 Seminar, Helsínquia, 1995, p. 64 e ss; JÜRGEN SCHWARZE, *Grundrechte der Person im Europäischen Gemeinschaftsrecht*, NJ, 1994, p. 53 e ss; CARL OTTO LENZ, *Der europäische Grundrechtesstandard in der Rechtsprechung des Europäischen Gerichtshofes*, EuGRZ, 1993, p. 585 e ss; MANFRED A. DAUSES, *La protection des droits fondamentaux dans l'ordre juridique des Communautés Européennes, position du problème, état actuel et tendances*, RAE, 1992, p. 9 e ss; JEAN VERGÈS, *Droits fondamentaux de la personne et principes généraux du droit communautaire*, Mélanges JEAN BOULOUIS, p. 513 e ss; F. MANCINI/VITTORIO DE BUCCI, *Le développement des droits fondamentaux en tant que partie du droit communautaire*, RCADE, vol. I, livro I, Dordrecht, 1990, p. 35 e ss; INGOLF PERNICE, *Gemeinschaftsverfassung und Grundrechtsschutz – Grundlagen, Bestand und Perspektiven*, NJW, 1990, p. 2409 e ss; HENRY G. SCHERMERS, *The European Communities Bound by Fundamental Human Rights*, CMLR, 1990, p. 249 e ss.

– a Carta Comunitária de Direitos Sociais Fundamentais dos Trabalhadores de 1989 e a Carta Social Europeia de 1961, em relação aos direitos sociais.

Apesar do enorme sucesso alcançado por esta convenção, ela não atingiu um dos seus principais objectivos, qual seja, a inserção da Carta no Tratado da União Europeia, com carácter vinculativo. Efectivamente, ainda durante a Presidência portuguesa ficou claro que a Carta não viria a ser incorporada no Tratado de Nice, pelo que acabou por constituir uma proclamação de direitos por parte dos três órgãos da União: Parlamento Europeu, Conselho e Comissão[40].

9. Os trabalhos da Convenção sobre o futuro da Europa

O relativo sucesso da convenção que elaborou a Carta, aliado ao facto de a CIG 2000 ter estado, por diversas vezes, à beira do fracasso, levaram o Conselho Europeu de Laeken a decidir aplicar o método da convenção em matéria de revisão geral do TUE. Considerou-se que a eventual existência de um consenso prévio, quanto a um leque, mais ou menos, alargado de modificações a introduzir no TUE, facilitaria os trabalhos da CIG e a consequente revisão do Tratado.

Todavia, as dificuldades com que se deparou esta segunda convenção foram muito maiores do que as encontradas pela primeira, por força da multiplicidade de matérias envolvidas.

A Convenção sobre o Futuro da Europa iniciou os seus trabalhos em 1 de Março de 2002 e funcionou em três fases distintas, de acordo com a agenda que ela própria estabeleceu. É certo que essas fases não se podem demarcar no tempo de uma forma absolutamente nítida, uma vez que, em certos casos, coexistiram, mas podem-se denominar do seguinte modo:
– a fase das audições;
– a fase do exame;

---

[40] Sobre o valor jurídico da Carta, ver, entre outros, MELCHIOR WATHELET, *La Charte des droits fondamentaux: un bon pas dans une course qui reste longue*, CDE, 2001, p. 591; FLORENCE BENOÎT-ROHMER, *La Charte des droits fondamentaux de l'Union européenne*, Rec. Dalloz, 2001, p. 1492; JUAN ANTONIO CARRILLO SALCEDO, *Notas sobre el significado político y jurídico de la Carta de Derechos fundamentales de la Unión Europea*, Rev. Der. Com. Eur., 2001, p. 7 e ss; LORD GOLDSMITH Q. C., *A Charter of Rights, Freedoms and Principles*, CMLR, 2001, p. 1214 e ss.

– a fase das propostas.

A primeira fase, que se iniciou em Março de 2002 e se estendeu até ao Verão desse ano, desenvolveu os seus trabalhos no plenário. Segundo o *Presidium*, o debate a travar sobre a União Europeia e o seu futuro deveria ser aberto, e nele poderiam participar não só os membros da convenção como a sociedade civil em geral (organizações não governamentais, associações, universidades, sindicatos, colectividades locais e territoriais), através do envio de textos, designadamente, pela Internet[41].

A segunda fase iniciou-se, em Junho de 2002 e caracterizou-se pelo trabalho em grupo e em círculos de discussão. Tendo em conta as dificuldades de funcionamento em plenário, devido ao elevado número dos seus membros, a convenção, por iniciativa do seu Presidente, optou por constituir grupos de trabalho sectoriais[42], que apresentaram os respectivos relatórios finais[43], com o objectivo de facilitar a prossecução dos trabalhos. Alguns desses grupos exerceram uma profunda influência no texto final do projecto de constituição, como foi o caso dos Grupos I, II, VII, IX e X.

Por fim, a terceira fase decorreu durante toda a primeira metade do ano de 2003, no plenário, tendo-se então discutido os projectos concretos de revisão dos Tratados, na base de um primeiro anteprojecto do *Presidium* apresentado, em 29 de Outubro de 2002[44].

Em seguida, foram submetidas emendas a esse anteprojecto por parte dos convencionais em diferentes períodos, seguidas de diversos debates em plenário.

---

[41] O Grupo de Direito Público Europeu, ao qual pertencemos, efectuou várias reuniões subordinadas ao tema a constituição europeia, tendo enviado as suas propostas à Convenção. AAVV, *European Group of Public Law – Proposal on the Debate on the European Constitution,* Londres, 2003.

[42] Grupo I – Subsidiariedade; Grupo II – Carta; Grupo III – Personalidade jurídica; Grupo IV- Parlamentos nacionais; Grupo V – Competências complementares; Grupo VI – Governação económica; Grupo VII – Acção Externa; Grupo VIII – Defesa; Grupo IX – Simplificação; Grupo X – Liberdade, Segurança e Justiça. Os primeiros seis operaram entre Junho e Outubro de 2002 e os restantes seis entre Outubro e Dezembro do mesmo ano. Entre Dezembro de 2002 e Janeiro de 2003 foi criado um último grupo sobre a Europa Social por pressão do plenário.

[43] Os relatórios estão disponíveis em http://europa.eu.int/futurum/index. Para uma análise destes relatórios, veja-se ANA MARIA GUERRA MARTINS, *A revisão do Tratado...,* p. 178 e ss.

[44] CONV 369/02.

Este procedimento foi adoptado, essencialmente, para a Parte I, excluindo os preceitos relativos aos órgãos[45], para a Parte IV e para os artigos da Parte III, respeitantes à acção externa da União e ao espaço de liberdade, segurança e justiça. Já o mesmo não se verificou em relação aos artigos da Parte III sobre as políticas, que foram redigidos por um grupo de peritos dos três órgãos comunitários, que comunicou os seus trabalhos à convenção, em 27 de Maio de 2003. A utilização deste método deveu-se ao facto de se ter considerado que se tratava de meras adaptações impostas pelas decisões tomadas quanto à Parte I, que, por isso, não necessitavam de tanta discussão no plenário. Todavia, assim não sucedeu, tendo o plenário introduzido inúmeras emendas, nomeadamente, no que diz respeito à qualificação das bases jurídicas como legislativas ou executivas e em relação à votação por maioria qualificada.

O projecto de Tratado que estabelece uma constituição para a Europa acabou por ser adoptado por consenso[46], isto é, não foi votado na Convenção[47].

10. A natureza jurídica da Convenção sobre o futuro da Europa

Antes de estudarmos o conteúdo do projecto de constituição, há que averiguar qual a natureza jurídica da convenção.

Em primeiro lugar, deve sublinhar-se de novo que o Conselho Europeu de Laeken não conferiu, expressamente, à convenção qualquer mandato para a elaboração de um projecto de constituição para a Europa.

---

[45] A primeira leitura destes preceitos deu-se em 15 e 16 de Maio e ficou imediatamente clara a falta de consenso neste domínio. Assim, não houve segunda leitura em plenário, mas sim um dia de consultas com os quatro componentes, isto é, os representantes dos Governos, os parlamentares nacionais, os membros do PE e os dois comissários, com o objectivo de conseguir um compromisso que pudesse ser aceite globalmente no plenário.

[46] A decisão, por consenso, é comum nas negociações internacionais, nas quais há interesses muito divergentes em confronto e não é desejável colocar certos Estados na situação de vencidos, enquanto outros vão ficar na situação de vencedores. Este modo de decisão está normalmente associado à negociação em sistema de *package deal*, ou seja, negociação por conjuntos de normas.

[47] Ao contrário do que alguns defendem, a ausência de votação final não significa que a convenção tenha sido dirigida segundo métodos autoritários, pois para se chegar a uma solução consensual foram introduzidas tantas alterações quanto as necessárias.

Em segundo lugar, deve referir-se que a convenção apenas se limitou a aprovar um projecto, que, em seguida, foi submetido à conferência intergovernamental, à qual incumbe, segundo o art. 48.º do TUE, confirmado na Declaração de Laeken, a competência para tomar as decisões definitivas em matéria de modificações a introduzir no Tratado da União Europeia.

Do ponto de vista formal, a convenção parece ter sido concebida como uma fase anterior e exterior, mas adicional e em estreita relação com o processo de revisão previsto no art. 48.º do TUE.

Só assim não seria se o projecto de constituição para a Europa não devesse ser enquadrado no âmbito da revisão dos Tratados, mas antes no âmbito de uma manifestação de um efectivo poder constituinte originário da União Europeia.

Em nosso entender, a convenção não deve ser encarada como o exercício autónomo de um poder constituinte da União, pois para além de não ter sido convocada com esse objectivo[48], também não procedeu à aprovação de qualquer texto constitucional definitivo, mas antes de um projecto que está a ser discutido na CIG, o qual vai, decerto, sofrer modificações, mais ou menos profundas, e terá de ser ratificado pelos Estados membros.

Assim sendo, mesmo para quem, como nós, aceite que uma entidade como a União Europeia é susceptível de ser titular de poder constituinte, ainda que se trate de um poder constituinte diferente do estadual[49], não se

---

[48] Isso não seria um obstáculo intransponível, pois a Convenção de Filadélfia foi convocada com o objectivo de rever os Artigos da Confederação e acabou por aprovar a Constituição dos Estados Unidos da América.

[49] Sobre o poder constituinte situado no Estado, ver, entre outros, CARLOS BLANCO DE MORAIS, *Justiça constitucional – I*, Coimbra, 2002, p. 13 e ss; J. J. GOMES CANOTILHO, *Direito Constitucional...*, p. 65 e ss; JORGE MIRANDA, *Manual...*, p. 72 e ss; MARIA LÚCIA AMARAL PINTO CORREIA, *Responsabilidade do Estado e dever de indemnizar do legislador*, Coimbra, 1998, p. 314 e ss; CARLOS AYRES BRITTO, *A reforma constitucional e a sua intransponível limitabilidade*, in JORGE MIRANDA (org.), Perspectivas Constitucionais. Nos 20 anos da Constituição de 1976, vol. II, Coimbra, 1997, p. 77 e ss; ULRICH K. PREUSS, *Constitutional Powermaking for the New Polity: Some Deliberations on the Relations between Constituent Power and the Constitution*, Cardozo L. Rev., 1993, p. 639 e ss; RUBEN HERNANDEZ VALLE, *El poder constituyente derivado y los limites juridicos del poder de reforma constitucional*, REDC, 1993, p. 143 e ss; JUAN FERNANDO BADÍA, *Teoria de la Constitución*, Valência, 1992, p. 78 e ss; PEDRO DE VEGA, *La reforma constitucional y la problematica del poder constituyente*, Madrid, 1985, *passim*; PIETRO GIUSEPPE GRASSO, *Potere costituente*, Enciclopedia del diritto, vol. XXXIV, 1985, p. 642 e ss; MARIA LÚCIA

pode aceitar que a convenção, por si só, exerceu um efectivo poder constituinte originário.

A convenção poderá, quando muito, participar de um poder constituinte mais vasto, que abrange outros elementos, designadamente, intergovernamentais[50].

Porém, não podemos deixar de avançar, desde já, que, do ponto de vista substancial, se as modificações por ela propostas vierem a ser, efectivamente, introduzidas no Tratado, a convenção terá elaborado um projecto de um texto que está muito próximo de uma revisão total do TUE. Ora, os contornos e os limites da revisão total, quer ao nível das constituições quer ao nível dos tratados, sempre foram muito difíceis de traçar, pois situam-se numa zona cinzenta em que a fronteira entre o poder de revisão e o poder de criação originário se encontra bastante esbatida.

Além disso, uma coisa é certa: a utilização do termo constituição visa deslocar definitivamente o debate do plano internacional para o quadro constitucional.

Constatam-se, portanto, duas tendências aparentemente contraditórias. Por um lado, a óptica formal aponta no sentido da revisão, por outro lado, a óptica substancial, como veremos, indica uma tendência constituinte, quando propõe alterações ao núcleo duro, ao cerne do TUE, afigurando-se difícil precisar qual das duas tendências prepondera.

De qualquer modo, deve realçar-se que não se verifica uma ruptura constitucional, dado que o próprio projecto afirma a continuidade jurídica em relação à Comunidade e à União (art. IV-3.°).

Assim, parece-nos que a solução mais razoável passa por conceber a convenção como a entidade preparatória de um projecto que servirá de base ao futuro exercício de um poder constituinte, mas de um poder constituinte diferente do estadual.

ABRANTES AMARAL, *Poder constituinte e revisão constitucional – Algumas notas sobre o fundamento e a natureza do poder de revisão constitucional*, RFDUL, 1984, p. 319 e ss; MARIO DOGLIANI, *Potere costituente*, Turim, 1986, p. 30 e ss; ERNST-WOLFGANG BÖCKENFÖRDE, *Die verfassunggebende Gewalt des Volkes – ein Grenzbegriff des Verfassungsrechts*, Frankfurt am Main, 1986, p. 7 e ss; GEORGES BURDEAU, *Traité de Science Politique*, t. IV, Paris, 1984, p. 171 e ss; JOSÉ ALFREDO DE OLIVEIRA BARACHO, *Teoria Geral do Poder Constituinte*, Rev. Bras. Est. Pol., 1981, p. 7 e ss

[50] A justificação desenvolvida da possibilidade de existência de poder constituinte na União Europeia pode ver-se na nossa tese de doutoramento, ANA MARIA GUERRA MARTINS, *A natureza...*, p. 317 e ss.

CAPÍTULO III

O CONTEÚDO
DO PROJECTO DE CONSTITUIÇÃO EUROPEIA

11. A sistematização

O projecto de constituição para a Europa é composto por um preâmbulo, quatro partes, cinco protocolos e três declarações, totalizando na sua globalidade 465 artigos.

O preâmbulo do projecto de constituição europeia começa com uma citação de Tucídedes, que diz o seguinte: «A nossa constituição ... chama-se "democracia" porque o poder está nas mãos, não de uma minoria, mas do maior número de cidadãos».

A Parte I contém as normas e os princípios que estruturam a União e que, portanto, têm um conteúdo intrinsecamente constitucional. Estabelecem-se os parâmetros e os quadros gerais que, posteriormente, vão ser objecto de desenvolvimento nas outras partes do projecto. Trata-se, portanto, de normas básicas e fundamentais.

A Parte I divide-se em nove títulos, a saber:
- Título I – Definição e objectivos da União (arts. 1.º a 6.º);
- Título II – Direitos Fundamentais e Cidadania da União (arts. 7.º e 8.º);
- Título III – Competências da União (arts. 9.º a 17.º);
- Título IV – Instituições da União (arts. 18.º a 31.º);
- Título V – Exercício das competências da União (arts. 32.º a 43.º);
- Título VI – Vida democrática da União (arts. 44.º a 51.º);
- Título VII – Finanças da União (arts. 52.º a 55.º)
- Título VIII – A União e os Estados vizinhos (art. 56.º);
- Título IX – Qualidade de membro da União (arts. 57.º a 59.º).

A Parte II, por remissão do art. 7.º, n.º 1, da Parte I, incorpora a Carta dos Direitos Fundamentais da União Europeia no projecto de constituição europeia, embora com algumas alterações em relação ao texto aprovado pela Convenção da Carta, adoptado em Nice, em 7 de Dezembro de 2000.

A Parte III contém as regras técnicas sobre as políticas e o funcionamento da União, que densificam e desenvolvem a Parte I.

A Parte III divide-se em sete títulos:
- Título I – Cláusulas de aplicação geral;
- Título II – Não discriminação e cidadania;
- Título III – Políticas e acções internas;
- Título IV – Associação dos Países e territórios ultramarinos;
- Título V – Acção externa da União;
- Título VI – Funcionamento da União;
- Título VII – Disposições comuns.

Por fim, a Parte IV diz respeito às disposições gerais e finais e inclui regras relativas aos símbolos da União (art. IV-1.º), à revogação dos tratados anteriores (art. IV-2.º), à continuidade jurídica em relação à Comunidade e à União (art. IV-3.º), ao âmbito de aplicação territorial (art. IV-4.º), às uniões regionais (art. IV-5.º), aos protocolos (art. IV-6.º), ao processo de revisão do Tratado que estabelece a constituição (art. IV-7.º), à adopção, ratificação e entrada em vigor do Tratado que estabelece a constituição (art. IV-8.º), ao período de vigência (art. IV-9.º) e às línguas (art. IV-10.º).

Os cinco protocolos acima mencionados dizem respeito aos seguintes temas:
(i) o papel dos parlamentos nacionais na União Europeia;
(ii) a aplicação dos princípios da subsidiariedade e da proporcionalidade;
(iii) a representação dos cidadãos no Parlamento Europeu e à ponderação de votos no Conselho Europeu e no Conselho de Ministros;
(iv) o Eurogrupo;
(v) as alterações ao Tratado Euratom.

12. A União Europeia

O projecto de constituição europeia começa por definir a União Europeia e os seus objectivos, alterando profundamente o regime jurídico anterior, especialmente, no que toca aos aspectos estruturais e em relação à sua base de legitimidade.

Pode dizer-se que o projecto de constituição afasta, definitivamente, a União da sua antecessora criada pelo Tratado de Maastricht[51], embora, como veremos, nem sempre daí retire todas as consequências.

O título I da Parte I contém seis artigos, que se debruçam sobre os seguintes aspectos:
- Estabelecimento da União (art. 1.º);
- Valores da União (art. 2.º);
- Objectivos da União (art. 3.º);
- Liberdades Fundamentais e Não Discriminação (art. 4.º);
- Relações entre a União e os Estados-membros (art. 5.º);
- Personalidade jurídica (art. 6.º).

12.1. O estabelecimento da União

O art. 1.º do projecto estabelece a União, com uma estrutura unitária e indica qual a sua base de legitimidade.

---

[51] Sobre a União Europeia situada no Tratado de Maastricht, ver CHRISTIAN FRANCK, *La CIG 96 et l'Union Politique*, in YVES LEJEUNE, Le Traité d'Amsterdam. Espoirs et déceptions, Bruxelas, 1998, p. 13; BRUNO DE WITTE, *The Pillar Structure and the Nature of the European Union : Greek Temple or French Gothic Cathedral?* in TON HEUKELS e. a., The European Union after Amsterdam – a Legal Analysis, Haia, 1998, p. 51 e ss; TON HEUKELS e. a., *The Configuration of the European Union: Community Dimensions of Institutional Interaction*, in DEIRDRE CURTIN e. a. (ed.), Institutional Dynamics of European Integration – Essays in honour of Henry G. SCHERMERS, vol. 2, Dordrecht, 1994, p. 195 e ss; PAUL DEMARET, *The Treaty Framework*, in DAVID O'KEEFFE e. a., Legal Issues of the Maastricht Treaty, Londres, 1994, p. 3 e ss; FERNANDO LOUREIRO BASTOS, *A União Europeia...*, p. 19 e ss; JIM CLOOS e. a., *Le traité de Maastricht...*, p. 114 e ss; VLAD CONSTANTINESCO, *La structure du Traité...*, p. 251 e ss; DEIRDRE CURTIN, *The Constitutional Structure...*, p. 17 e ss; ANA MARIA GUERRA MARTINS, *O Tratado da União Europeia...*, p. 20 e ss; JOSEPH H. H. WEILER, *Neither Unity Nor Three Pillars – The Trinity Structure of the Treaty on European Union*, in J. MONAR e. a., The Maastricht Treaty on European Union, Bruxelas, 1993, p. 49 e ss; FAUSTO DE QUADROS/FERNANDO BASTOS, *União Europeia...*, p. 543 e ss; C. ALIBERT, *Union Européenne ...*, 1993, p. 1136 e ss; ARACELI MANGAS MARTIN, *El Tratado ...*, p. 19 e ss; CLAIRE-FRANÇOISE DURAND, *Le Traité ...*, p. 360 e ss; ULRICH EVERLING, *Reflections...*, p. 1056 e ss.

A) Uma união de cidadãos e de Estados – a problemática da fonte de legitimidade do Poder no seio da União tem vindo a ser discutida, ao longo dos tempos, pela doutrina[52] e pelos órgãos comunitários, existindo um certo consenso no sentido de que ela tem de reflectir a composição da União. Ora, a União é composta por Estados e por cidadãos[53], logo a sua fonte de legitimidade tem de se basear, não só nos Estados, como também nos cidadãos.

Consequentemente, o projecto de constituição vem afirmar, no art. 1.º, n.º 1, que a União se inspira na vontade dos cidadãos e dos Estados da Europa de construírem o seu futuro comum. Ou seja, a lei fundamental da União afirma, expressamente, pela primeira vez, a sua base de legitimidade dual e a importância do binómio cidadãos/Estados, o que vai ter repercussões a vários níveis, dos quais se destaca, de imediato, a composição dos órgãos, nos quais Estados e cidadãos devem estar representados.

---

[52] Ver, entre muitos outros, JOCHEN A. FROWEIN, *Legitimation und Wirkung des Rechts der Europäischen Union/Gemeinschaft*, in MÜLLER-GRAFF (Dir.), Perspektiven des Rechts in der Europäichen Union, Heidelberga, 1998, p. 111 e ss; JEAN-FRANÇOIS AKANDJI-KOMBÉ, *La question des rapports entre le principe de droit et démocratie dans le système communautaire*, in CONSTANCE GREWE (dir), Questions sur le droit européen, Caen, 1996, p. 57; NATACHA ODEKERKEN, *Quelle représentation pour l'Union Européenne?*, in CONSTANCE GREWE (dir.), Questions..., p. 132; RUDOLF HRBEK, *Federal Balance and the Problem of Democratic Legitimacy in the European Union*, Aussenwirtschaft, 1995, p. 65; MARIO TELÒ, *Démocratie internationale et démocratie supranationale en Europe*, in Mario TELÒ (dir.), Démocratie et construction européenne, Bruxelas, 1995, p. 3 e ss; PETER M. SCHMID-HUBER, *Föderalistische und demokratische Grundlagen des Europäischen Unionsrechts*, FS EVERLING, vol. I, Baden-Baden, 1995, p. 1271; SIEGFRIED MAGIERA, *Das Europäische Parlament als Garant demokratischer Legitimation in der Europäischen Union*, FS EVERLING, vol. I, p. 90; PETER M. HUBER, *Die Rolle des Demokratieprinzips im europäischen Integrationsprozeβ*, Staatswiss. u. Staatspr., 1992, p. 348 e ss; ALBERT BLECKMANN, *Chancen und Gefahren der europäischen Integration – Zum Demokratieprinzip in der EG*, JZ, 1990, p. 301 e ss; PETER BADURA, *Bewahrung und Veränderung demokratischer und föderativer Verfassungsprinzipien der in Europa verbundenen Staaten*, ZSR/RDS, 1990, p. 121; JOCHEN ABR. FROWEIN, *Die rechtliche Bedeutung des Verfassungsprinzips der parlamentarischen Demokratie für den europäischen Integrationsprozeβ*, EuR, 1983, p. 301; PIERRE PESCATORE, *Les exigences de la democratie et la legitimité de la Communauté européenne*, CDE, 1974, p. 503.

[53] Considerando a União como uma união de Estados e de cidadãos, v. ANA MARIA GUERRA MARTINS, *A natureza...*, p. 330 e ss; CONSTANTIN A. STEPHANOU, *L'Union européenne et la souveraineté des états membres*, in Mélanges en honneur de NICHOLAS VALTICOS, Droit et justice, Paris, 1999, p. 365 e ss; FRANCISCO LUCAS PIRES, *Introdução...*, p. 86; PIERRE PESCATORE, *La Constitution, son contenu, son utilité*, ZSR/RDS, 1992, p. 61.

B) Carácter constituinte do projecto de constituição – o art. 1.º, n.º 1, refere ainda que a União se fundamenta na constituição, que a estabelece, ou seja, a constituição assume um carácter constituinte da União. Todavia, esse carácter constituinte não é levado às últimas consequências, uma vez que a União não se auto-atribui qualquer competência. Pelo contrário, o projecto explicita que são os Estados membros que lhe atribuem as competências para atingirem os seus objectivos comuns. A União continua a não deter a competência das competências. Pelo contrário, ela deve respeitar o princípio da especialidade, o que é confirmado no art. 3.º, n.º 5, do projecto, quando estabelece que os objectivos são prosseguidos pelos meios adequados, em função das competências atribuídas à União na presente constituição.

C) A estrutura unitária da União e o fim dos pilares – a União Europeia tem sido alvo de diversas críticas[54] relacionadas, designadamente, com as suas extremas complexidade e ineficácia, devidas, em parte, à sua estrutura tripartida, à ausência de personalidade jurídica e à coexistência com as Comunidades Europeias, que a precedem.

O projecto de constituição europeia, visando ultrapassar essas críticas, propõe-se acabar com essa estrutura tripartida, transformando a União numa entidade unitária, com personalidade jurídica (art. 6.º), o que leva ao desaparecimento das Comunidades Europeias e à sucessão da nova União nas suas atribuições e competências.

Porém, a influência dos pilares intergovernamentais não desaparece totalmente, uma vez que as matérias, que, actualmente, deles fazem parte, nem sempre vão ficar submetidas ao regime jurídico comum, nomeadamente, no que concerne ao procedimento de decisão, à tipologia de actos jurídicos e à submissão à jurisdição do TJ. Verifica-se, sem dúvida, em alguns domínios, uma concessão ao intergovernamentalismo.

12.2. *Os valores da União*

A União, tal como a concebe o projecto de constituição europeia, é uma entidade axiologicamente fundamentada.

---

[54] V. BRUNO DE WITTE, *The Pillar Structure*..., p. 51 e ss; JOSEPH H. H. WEILER, *Neither Unity*..., p. 49 e ss.

De acordo com o art. 2.º do projecto, a União Europeia funda-se nos valores do respeito pela dignidade humana, da liberdade, da democracia, da igualdade, do Estado de direito, e do respeito pelos direitos humanos. É certo que, hoje em dia, estes valores já constituem a base axiológica da União[55], mas não se encontra uma base jurídica específica para o efeito. Eles inferem-se implicitamente do art. 6.º, n.º 1, do TUE relativo aos princípios fundamentantes da União. O projecto de constituição europeia, pelo contrário, explicita a base axiológica da União no seu articulado, daí retirando algumas consequências.

Assim, o respeito dos valores da União é uma das condições de adesão de um Estado à União (art. 1.º, n.º 2, do projecto), bem como da manutenção da qualidade de membro, pois um dos fundamentos de suspensão de direitos de membro da União é o risco manifesto da sua violação grave.

Além disso, os valores da União fundamentam as soluções adoptadas, ao longo do projecto, a vários propósitos. A título exemplificativo mencione-se o caso da inclusão da Carta dos Direitos Fundamentais da União Europeia na Parte II do projecto, que se baseia, indubitavelmente, no valor do respeito dos direitos humanos, ou a inclusão do título VI da Parte I relativo à vida democrática da União, que só pode ter como fundamento o valor da democracia.

12.3. Os objectivos da União

O projecto de constituição dota a União de objectivos mais vastos do que o TUE e o TCE. É certo que a maior parte destes objectivos já cons-

---

[55] Sobre os valores da União, ver, entre outros, ANA MARIA GUERRA MARTINS, *A natureza...*, p. 349 e ss; CONSTANTIN A. STEPHANOU, *Réformes et mutations de l'Union européenne*, Bruxelas, 1997, p. 96 e ss; JEAN-PAUL JACQUÉ, *Charte constitutionnelle et structure institutionnelle de la Communauté*, in JEAN-DENIS MOUTON/TORSTEN STEIN (ed.), Vers une nouvelle Constitution pour l'Union européenne? La conférence intergouvernementale de 1996, Colónia, 1997, p. 73 e ss; *Idem, Cours général de droit communautaire*, RCADE, vol. I, livre I, 1990, 276 e ss; MARIA LUISA FERNANDEZ ESTEBAN, *Constitutional Values and Principles in the Community Legal Order*, MJ, 1995, p. 134; PETER HÄBERLE, *Europäische Rechtskultur*, in PETER HÄBERLE, Europäische Rechtskultur: Versuch einer Annäherung in zwölf Schritten, Baden-Baden, 1994, p. 7 e ss; PAUL THIBAUD, *L'Europe des nations (et reciproquement)*, in JEAN-MARC FERRY e. a., Discussion sur l'Europe, Paris, 1992, p. 11 e ss.

tam de anteriores versões do Tratado da União Europeia, ou até mesmo da versão original do Tratado da Comunidade Económica Europeia, mas, ou não se encontravam agrupados num único preceito, como sucede com o actual art. 3.º do projecto, ou nem sequer faziam parte de disposições verdadeiramente vinculativas. Alguns deles encontram-se no preâmbulo, cujo valor jurídico é muito discutido[56], outros estão incluídos em preceitos subtraídos à jurisdição do TJ.

O primeiro objectivo da União previsto no art. 3.º, n.º 1, do projecto de constituição passa a ser um objectivo político, a saber, a promoção da paz, dos seus valores e do bem estar dos povos. Trata-se de um objectivo que, em parte, já consta do preâmbulo do TUE, mas que não é retomado, expressamente, no articulado. A sua deslocação para o articulado do projecto de constituição confere-lhe um carácter vinculativo.

O segundo objectivo é social e económico, isto é, o espaço de liberdade, segurança e justiça sem fronteiras e um mercado único em que a concorrência é livre e não falseada (art. 3.º, n.º 2). O objectivo do espaço de liberdade, segurança e justiça foi introduzido pelo Tratado de Amesterdão[57], não sendo, portanto, uma criação do projecto de constituição, e o

---

[56] Sobre o valor jurídico do preâmbulo, ver STEFAN SCHEPERS, *The Legal Force of the Preamble to the EEC Treaty*, ELR, 1981, p. 356 e ss.

[57] Sobre o espaço de liberdade, segurança e justiça no Tratado de Amesterdão, ver ANA MARIA GUERRA MARTINS, *A natureza...*, p. 204 e ss; BENOIT VAN SIMAEYS/JEAN-YVES CARLIER, *Le nouvel espace de liberté, de sécurité et de justice*, in YVES LEJEUNE, Le Traité d'Amsterdam. ..., p. 236 e ss; LOTHAR HARINGS, *Die Zusammenarbeit in den Bereichen Justiz und Inneres*, in ARMIN VON BOGDANDY (Dir.), Konsolidierung und Kohärenz des Primärrechts nach Amsterdam, Baden-Baden, 1998, p. 81 e ss; SEBASTIAN WINKLER, *Schrittweiser Aufbau eines Raumes der Freiheit, der Sicherheit und des Rechts*, in JAN BERGMANN e. a. (Dir.), Der Amsterdamer Vertrag vom 2. Oktober 1997. Eine Kommentierung der Neuerungen des EU- und EG-Vertrages, Colónia, 1998, p. 45 e ss; JÖRG MONAR, *Justice and Home Affairs in the Treaty of Amsterdam: Reform at the Price of Fragmentation*, ELR, 1998, p. 323 e ss; ALEJANDRO VALLE, *La refundación de la libre circulación de personas, tercer pilar y Schengen: el espacio europeo de libertad, securitad y justicia*, Rev. Der. Com. Eur., 1998, *maxime* p. 51 e ss; MADELEINE COLVIN e. a., *Human Rights and Accountability after the Amsterdam Treaty*, EHRLR, 1998, p. 195 e ss; ERCÜMENT TEZCAN, *La coopération dans les domaines de la justice et des affaires intérieures dans le cadre de l'Union européenne et le Traité d'Amsterdam*, CDE, 1998, p. 671 e ss; PETER-CHRISTIAN MÜLLER-GRAFF, *Institutionelle und materielle Reformen in der Zusammenarbeit in den Bereichen Justiz und Inneres*, in WALDEMAR HUMMER (Dir.), Die Europäischen..., p. 259 e ss; JEAN-CLAUDE MASCLET, *Le développement de la libre circulation des personnes et le renforcement de la coopération dans les domaines de la justice et des affaires intérieures,*

objectivo do mercado único já vem da versão inicial do Tratado da Comunidade Europeia, cujo principal fim era, precisamente, a construção do mercado comum ou mercado único[58].

O terceiro objectivo é ambiental, ou seja, o desenvolvimento sustentável da Europa, que também já faz parte dos actuais objectivos da União. Foi introduzido no Tratado de Amesterdão por influência do Direito Internacional do Ambiente, designadamente, dos princípios saídos da Conferência do Rio de 1992.

Para além dos objectivos políticos, económicos e ambientais, a União tem ainda objectivos sociais, como o combate à exclusão social e às discriminações, a promoção da justiça e da protecção social, a igualdade entre homens e mulheres, a solidariedade entre gerações, a protecção dos direitos das crianças, a promoção da coesão económica, social e territorial e a solidariedade entre os Estados membros (art. 3.º, n.º 3).

O respeito pela riqueza da sua diversidade cultural e linguística e a salvaguarda e desenvolvimento do património cultural e europeu são, pela primeira vez, afirmados como objectivo da União. Pretende-se, deste

---

in AAVV, Le Traité d'Amsterdam et les perspectives d'évolution de l'Union européenne, Paris, 1997, p. 75 e ss; HERVÉ BRIBOSIA, *Liberté, sécurité et justice: l'imbroglio d'un nouvel espace*, RMUE, 1998, p. 31 e ss; HENRI LABAYLE, *Un espace de liberté, de sécurité et de justice*, RTDE, 1997, p. 842 e ss; MONICA DEN BOER, *Justice and Home Affairs Cooperation in the Treaty on European Union: More Complexity Despite Communitarization*, MJ, 1997, p. 311 e ss; CLAUS DIETER EHLERMANN, *Différenciation, flexibilité, coopération renforcée: les nouvelles dispositions du traité d'Amsterdam*, RMUE, 1997, p. 83 e ss; REINHARD RUPPRECHT, *Justiz und Inneres nach Amsterdamer Vertrag*, Int. 4/97, p. 264 e ss; PETER-CHRISTIAN MÜLLER-GRAFF, *Justiz und Inneres nach Amsterdam – Die Neuerungen in erster und dritter Säule*, Int. 4/97, p. 271.

[58] Sobre o mercado comum, em geral, ver, do muito que se escreveu, PAUL CRAIG/GRÁINNE DE BÚRCA, *EU Law. Text, Cases and Materials*, 3.ª ed., Oxford, 2002, p. 580 e ss; MANUEL CARLOS LOPES PORTO, *Teoria da integração e políticas comunitárias*, 3.ª ed., Coimbra, 2001, p. 209 e ss; LOUIS CARTOU, *L'Union Européenne*, 2.ª ed., Paris, 1996, p. 281 e ss; D. LASOK/BRIDGE, *Law and Institutions of the European Union*, 6.º ed., Londres, 1994, p. 373 e ss; DENNIS SWANN, *The Economics of the Common Market*, 7.ª ed., Londres, 1992, *passim*; HANS-JOACHIM GLAESNER, *Les objectifs de la Communauté économique européenne. Origine et développements*, in L'Europe et le droit – Mélanges en hommage à JEAN BOULOUIS, Paris, 1991, p. 285 e ss; CHRISTIAAN W. A. TIMMERMANS, *La libre circulation de marchandises*, in Trente ans de droit communautaire, Luxemburgo, 1982, p. 251 e ss; GEORG RESS, *La libre circulation des personnes, des services et des capitaux*, in Trente ans ..., p. 303 e ss; VLAD CONSTANTINESCO, *Compétences et pouvoirs dans les Communautés européennes*, Paris, 1974, p. 93 e ss.

modo, sossegar todos aqueles que temem a diluição dos Estados no todo mais vasto que é a União Europeia, e, sobretudo, a sua diluição cultural e linguística.

Por fim, o n.º 4 do art. 3.º estabelece que a União, nas suas relações com o resto do mundo, deve afirmar e promover os seus valores e interesses. O preceito define os princípios pelos quais as relações da União com o resto do Mundo se devem pautar, dos quais se destaca a observância e o desenvolvimento do direito internacional, em particular dos princípios da Carta das Nações Unidas, no que parece ser uma alusão implícita ao desrespeito dos mesmos no recente caso do Iraque.

12.4. *Liberdades Fundamentais e Não Discriminação*

O art. 4.º do projecto de constituição refere-se a dois aspectos, que têm sido objecto de tratamento desde a criação das Comunidades Europeias, a saber:
– as quatro liberdades, que constituem o mercado interno;
– o princípio da proibição de qualquer discriminação em função da nacionalidade.

Não vamos, neste trabalho, proceder ao estudo destas matérias, pois elas fazem parte do acervo comunitário, tendo sido objecto de um desenvolvido tratamento jurisprudencial e doutrinário ao longo de todo o processo de integração europeia, para o qual remetemos[59].

12.5. *O respeito dos Estados membros*

Na sequência do último parágrafo do n.º 3 art. 3.º já mencionado, o art. 5.º, n.º 1, do projecto de constituição afirma o respeito da identidade nacional dos seus Estados membros ao nível político e constitucional, nomeadamente, no que se refere à autonomia regional e local e afirma também respeitar as funções essenciais do Estado, no que diz respeito à integridade territorial, à manutenção da ordem pública e à salvaguarda da segurança interna.

---

[59] Ver bibliografia citada na nota anterior.

12.6. A personalidade da União

O art. 6.º consagra a personalidade jurídica da União, na sequência do que tinha sido sustentado pelo grupo de trabalho III relativo à personalidade, acabando assim com a discussão sobre este assunto.

Efectivamente, a doutrina encontrava-se dividida sobre a questão da existência ou não de personalidade jurídica da União, havendo quem defendesse que, apesar de não existir um preceito que claramente a afirmasse, ela poderia retirar-se do art. 24.º do TUE relativo à competência do Conselho para concluir acordos internacionais nos pilares intergovernamentais[60], enquanto outros optavam pela negativa[61].

A personalidade jurídica consagrada no art. 6.º é, indubitavelmente, a personalidade internacional, como resulta da leitura conjugada deste preceito com o art. III-332.º, que se refere à personalidade jurídica a nível interno.

O projecto de constituição não se limita a consagrar a personalidade jurídica da União, retirando daí consequências em termos de direitos e prerrogativas inerentes à subjectividade internacional. A União, como veremos, dispõe de direitos de participação na vida internacional, que vão desde o *jus tractum* e de *jus legationis* até à participação em organizações internacionais.

---

[60] Neste sentido, ver GERHARD HAFNER, *The Amsterdam Treaty and the Treaty-Making Power of the European Union*, in Liber Amicorum Professor SEIDL-HOHENVELDERN, Haia, 1998, p. 265 e ss; MANFRED ZULEEG, *Die Organisationsstruktur der Europäischen Union – Eine Analyse der Klammerbestimmungen des Vertrags von Amsterdam*, in ARMIN VON BOGDANDY (Dir.), Konsolidierung ..., p. 151 e ss; A. TIZZANO, *La personnalité internationale de l'Union européenne*, RMUE, 1998, p. 11 e ss; ALAN DASHWOOD, *External Relations Provisions of the Amsterdam Treaty*, CMLR, 1998, p. 1040; DANIEL VIGNES, *L'absence de personnalité juridique de l'Union européenne: Amsterdam persiste et signe*, in Liber Amicorum Professor SEIDL-HOHENVELDERN, p. 769.

[61] V. NANETTE A. E. M. NEUWAHL, *A Partner With a Troubled Personality: EU Treaty-Making in Matters of CFSP and JHA after Amsterdam*, EFARev., 1998, p. 185; RUDOLF STREINZ, *Der Vertrag von Amsterdam. Einführung in die Reform des Unionsvertrages von Maastricht und erste Bewertung der Ergebnisse*, EuZW, 1998, p. 140; WOLFF HEINTSCHELL, *Rechtliche Aspekte der Neufassung der GASP durch den Vertrag von Amsterdam*, Die Friedens-Warte, 1998, p. 159 e ss; JÖRG MONAR, *Justice* ..., p. 327.

13. Direitos fundamentais e cidadania da União

13.1. Os Direitos Fundamentais

O art. 7.º do projecto de constituição consagra no domínio da protecção dos direitos fundamentais, essencialmente, duas novidades:
  a) a incorporação da Carta dos Direitos Fundamentais da União no projecto de constituição;
  b) a base jurídica de adesão da União à Convenção Europeia de Direitos do Homem.

A) A Carta dos Direitos Fundamentais da União Europeia – há muito que se vem defendendo, primeiramente, no seio das Comunidades e depois da União Europeia, a consagração de um catálogo de direitos fundamentais[62], mas nunca se tinha conseguido chegar a um consenso nesta matéria.

Como já se disse, a questão da inclusão da Carta no TUE colocou-se durante a conferência intergovernamental de 2000, tendo sido manifesta a ausência de consenso a este propósito ainda durante a Presidência Portuguesa.

Assim, o compromisso no sentido da incorporação Carta no projecto de constituição só se viria a atingir na Convenção sobre o futuro da Europa. Efectivamente, o art. 7.º, n.º 1, do projecto de constituição incorpora a Carta de Direitos Fundamentais da União Europeia na constituição, ao afirmar que a União reconhece os direitos, liberdades e princípios nela consagrados, que constitui a Parte II. Foi-lhe, assim, atribuída, concomitantemente, dignidade constitucional e carácter vinculativo.

Este compromisso é tanto mais importante, se pensarmos que a questão do catálogo de direitos fundamentais, ou melhor, da ausência dele, se arrastava há décadas.

---

[62] No sentido da inclusão de um catálogo de direitos fundamentais no Tratado, ver JÜRGEN SCHWARZE, *Probleme des europäischen Grundrechtsschutzes*, Festschrift für ARVED DERINGER, Baden-Baden, 1993, p. 171 e ss; KOEN LENAERTS, *Fundamental Rights to be Included in a Community Catalogue*, ELR, 1991, p. 376 e ss. Sobre as eventuais dificuldades, ver EBERHARD GRABITZ, *Ein Grundrechtskatalog für die Europäischen Gemeinschaften*, Int., 1982, p. 116 e ss; CHRISTIAN STARCK, *Ein Grundrechtskatalog für die Europäischen Gemeinschaften*, EuGRZ, 1981, p. 548 e ss; R. BERNHARDT, *Problèmes liés à l'établissement d'un catalogue des droits fondamentaux pour les Communautés européennes*, in Bul. CE, Sup. n.º 5/76, p. 19 e ss.

Convém, todavia, deixar claro, que a incorporação da Carta se fez à custa de algumas concessões, uma vez que o seu texto sofreu modificações, aliás, recomendadas pelo Grupo de trabalho II, das quais se destacam as seguintes:
i) a menção, no preâmbulo, das anotações elaboradas sob a responsabilidade do *Presidium* da Convenção que redigiu a Carta para efeitos de interpretação por parte dos órgãos jurisdicionais da União e dos Estados membros;
ii) a distinção entre direitos e princípios constante do seu art. II-52.°, limitando-se a invocação jurisdicional destes últimos. Este parece ter sido o preço a pagar pela inclusão da Carta no projecto de constituição, pois havia Estados, como, por exemplo, o Reino Unido, que se opunham, em especial, ao inevitável carácter vinculativo dos direitos sociais, que acarretaria a inclusão da Carta na constituição. Ora, a distinção entre direitos e princípios parece permitir reservar estes últimos para os direitos sociais, embora nada se diga, expressamente, nem na Carta nem no projecto de constituição, sobre esse assunto.

Apesar de tudo, em nosso entender, a inclusão da Carta no projecto de constituição deve ser encarada como um reforço da protecção dos direitos fundamentais na União, uma vez que o indivíduo passa a saber *a priori*, ou seja, antes do recurso a um qualquer tribunal, quais os direitos de que dispõe, diminuindo assim, a ampla margem de manobra de que o TJ dispunha neste domínio.

Além disso, aumentam a certeza e a segurança jurídicas, ao mesmo tempo que diminui o carácter fragmentário dos direitos fundamentais, que obtêm consagração no Direito da União europeia. Os direitos estão identificados, bem como o seu conteúdo, sendo, pois, possível destacar quais os valores objectivos que lhe estão subjacentes e que vão orientar toda a actividade hermenêutica e a actividade legislativa[63].

B) A adesão à Convenção Europeia dos Direitos do Homem – o projecto de constituição europeia confere a base jurídica necessária, do ponto de vista da União, para a adesão da União à Convenção Europeia dos Direitos do Homem, ressalvando, no entanto, que a adesão a esta Con-

---

[63] No sentido de que a constitucionalização da União impunha um catálogo de direitos fundamentais, ver LUIS MARÍA DIEZ-PICAZO, *Una Costitucion sin declaracion de derechos?* REDC, 1991, p. 147.

venção não significa alteração das competências da União⁶⁴. Aliás, a mesma preocupação no sentido de não alterar os princípios em matéria de atribuição de competências se verifica no art. II-51.°, n.°s 1 e 2, da Carta, a propósito do seu âmbito de aplicação.

Deve frisar-se que a adesão da União à Convenção Europeia dos Direitos do Homem não depende só da União. Ela pressupõe também a modificação prévia da própria CEDH, que, neste momento, só está aberta aos Estados membros do Conselho da Europa (art. 59.° da CEDH). Daí que o art. 7.°, n.° 2, do projecto use a fórmula «a União procurará aderir à Convenção...» e não uma fórmula mais imperativa⁶⁵, dado que juridicamente os compromissos vinculam apenas aqueles que neles tomaram parte e não terceiros. Esta regra aplica-se também ao projecto de constituição.

---

⁶⁴ Sobre o debate a propósito da adesão da União à Convenção Europeia dos Direitos do Homem, ver, entre muitos outros, GRÁINNE DE BÚRCA, *Fundamental Rights and Citizenship, in* BRUNO DE WITTE (Ed.), Ten Reflections on the Constitutional Treaty for Europe, E. book publicado em Abril de 2003 pelo Robert Schuman Centre for Advanced Studies and European University Institut, San Domenico di Fiesole, p. 25 e ss; RUI MEDEIROS, *La Charte des droits fondamentaux de l'Union européenne, la Convention européenne des droits de l'Homme et le Portugal,* REDP/ERPL, 2002, p. 629 e ss; VITAL MOREIRA, *A Carta e a adesão da União Europeia à Convenção Europeia dos Direitos do Homem (CEDH), in* AAVV, Carta..., p. 89 e ss; HANS CHRISTIAN KRÜGER/JÖRG POLAKIEWICZ, *Vorschläge für ein kohärentes System des Menschenrechtsschutztes in Europa,* EuGRZ, 2001, p. 92 e ss; FLORENCE BENOÎT-ROHMER, *L'adhésion de l'Union à la Convention européenne des droits de l'homme,* RUDH, 2000, p. 57 e ss; A. G. TOTH, *The European Union and Human Rights: the Way Forward,* CMLR, 1997, p. 502 e ss; INGRID PERSAUD, *Where do we go from here? Fundamental Rights in the Post-Maastricht Legal Order,* Saarbrücken, 1995, p. 12 e ss; RUI MANUEL MOURA RAMOS, *L'adhésion de la Communauté à la Convention Européenne des Droits de l'Homme, in* Das Comunidades à União Europeia, Coimbra, 1994, p. 199 e ss; JEAN PAUL JACQUÉ, *The Convention and the European Communities, in* R. St. MACDONALD e. a., The European System for the Protection of Human Rights, Dordrecht, 1993, p. 889 e ss; ROBERT LECOURT, *Cour européenne des Droits de l'Homme et Cour de justice des Communautés européennes,* Studies in honour of GERARD J. WIARDA, Colónia, 1988, p. 335; EBERHARD GRABITZ, *Ein Grundrechtskatalog für die Europäischen Gemeinschaften,* Int., 1982, p. 120 e ss; CHRISTIAN STARCK, *Ein Grundrechtskatalog für die Europäischen Gemeinschaft,* EuGRZ, 1981, p. 547. Contra a adesão, ver PIERRE PESCATORE, *La Cour de justice des Communautés européennes et la Convention européenne des Droits de l'Homme, in* Studies in honour of GERARD J. WIARDA, p. 441 e ss.

⁶⁵ A Presidência italiana propõe a substituição de *procurará aderir* por *aderirá*. Ver proposta da Presidência ao conclave ministerial de Nápoles (CIG 52/03 de 25 de Novembro de 2003), alteração ao art. I-7.°, n.° 2.

C) A salvaguarda da situação actual – a adesão da União à CEDH não depende dela, pelo que se afigurou necessário salvaguardar juridicamente a protecção dos direitos fundamentais, enquanto não for possível à União aderir à Convenção. Essa salvaguarda faz-se pela inclusão no projecto de constituição de uma norma equivalente ao actual art. 6.°, n.° 1, do TUE, segundo o qual os direitos fundamentais constantes da CEDH e das tradições constitucionais dos Estados membros fazem parte do Direito da União como princípios gerais (art. 7.°, n.° 3).

13.2. A Cidadania

Ao contrário do que sucedeu no domínio dos direitos fundamentais, em matéria de cidadania não se avançou praticamente nada, pois o art. 8.° consagra as soluções que já se encontram em vigor, tanto no que diz respeito à definição da cidadania da União, como no que toca aos direitos atribuídos aos cidadãos da União, pelo que não vamos deter-nos sobre este assunto, remetendo o seu estudo para o que se tem escrito sobre ele[66].

---

[66] Sobre a cidadania da União e os direitos do cidadão no Tratado da União Europeia, ver do muito que se tem escrito, MARIE JOSÉ GAROT, *La citoyenneté de l'Union européenne*, Paris, 1999, *passim*; M.ª DOLORES BLAZQUEZ PEINADO, *Los derechos de la ciudadania y otros derechos reconocidos a los ciudadanos de la Union: de Maastricht a Amsterdam*, Rev. Der. Com. Eur., 1998, p. 261 e ss; MEINHARD HILF, *Die Union und die Bürger: Nicht viel Neues, aber immerhin*, Int. 4/1997, p. 250; WALDEMAR HUMMER, *Der Schutz der Grund- und Menschenrechte in der Europäischen Union*, in WALDEMAR HUMMER (Dir.), Die Europäischen ..., p. 98; JO SHAW, *The Many Pasts and Futures of Citizenship in the European Union*, ELR, 1997, p. 554 e ss; SIOFRA O'LEARY, *The Evolving Concept of Community Citizenship – From the Free Movement of Persons to Union Citizenship*, Haia, 1996, *passim; Idem, European Union Citizenship – Options for Reform*, Londres, 1996, *passim*; JEAN-DENIS MOUTON, *La citoyenneté de l'Union: passé, présent et avenir*, Saarbrücken, 1996, *passim*; STEPHEN HALL, *Loss of Union Citizenship in Breach of Fundamental Rights*, ELR, 1996, p. 132 e ss; MARIA LUISA DUARTE, *A liberdade de circulação de pessoas e o estatuto de cidadania previsto no Tratado da União Europeia*, in AAVV, A União..., p. 167 e ss; ULRICH K. PREUSS, *Two Challenges to European Citizenship*, in RICHARD BELLAMY e. a., Constitutionalism..., p. 122 e ss; SIOFRA O'LEARY, *The Relationship Between Community Citizenship and the Protection of Fundamental Rights in Community Law*, CMLR, 1995, p. 519 e ss; MICHELLE C. EVERSON e. a., *Concepts, Foundations, and Limits of European Citizenship*, Bremen, 1995, *passim*; MAXIMO LA TORRE, *Citizenship: a European Challenge*, in ESA PAASIVIRTA e. a., Principles..., p. 125 e ss; YVES GAUTIER, *Art 8 a 8E, in* VLAD CONSTANTINESCO e. a., Traité sur l'Union Européenne, Paris,

14. A repartição de atribuições entre a União e os Estados membros

A repartição de atribuições entre a União e os Estados membros é uma das matérias que sofre modificações profundas no projecto de constituição, sendo introduzidas normas inovadoras, a par de outras, que se limitam a consagrar o acervo já existente.

14.1. Os princípios

O art. 9.°, n.° 1, do projecto de constituição europeia enuncia os princípios por que se rege a repartição de atribuições entre a União e os Estados membros, bem como o seu exercício.

Em matéria de repartição de atribuições domina o princípio da atribuição, que significa que a União actua nos limites das competências que lhe são atribuídas pelos Estados membros na constituição (art. 9.°, n.° 2), ou seja, a União não tem competências próprias, mas apenas competências atribuídas, tal como até aqui. O projecto é até mais cauteloso do que a actual versão do Tratado, ao afirmar expressamente que as competências não atribuídas à União na constituição pertencem aos Estados membros. Trata-se de uma cláusula explícita da competência residual dos Estados membros.

No que diz respeito ao exercício das competências, a União pauta-se pelos princípios da subsidiariedade e da proporcionalidade (art. 9.°, n.° 1), que não sofrem modificações substanciais.

1995, p. 129 e ss; RUI MANUEL MOURA RAMOS, *Les nouveaux aspects de la libre circulation des personnes. Vers une citoyenneté européenne*, in Das Comunidades ..., p. 249 e ss; Idem, *Maastricht e os Direitos do Cidadão Europeu*, in AAVV, A União Europeia, Coimbra, 1994, p. 93 e ss; DAVID O'KEEFFE, *Union Citizenship*, in DAVID O'KEEFFE e. a., Legal Issues ..., p. 87 e ss; CARLOS CLOSA, *Citizenship of the Union and Nationality of Member States*, in David O' Keeffe e. a., Legal ..., p. 109 e ss; ROBERT KOVAR/DENYS SIMON, *La citoyenneté européenne*, CDE, 1993, p. 285 e ss; HANS ULRICH JESSURUN D'OLIVEIRA, *European Citizenship: Its Meanings, its Potential*, in J. MONAR e. a., The Maastricht..., p. 81 e ss; HANS CLAUDIUS TASCHNER, *The Rights of the European Citizen Under the Maastricht Treaty: Achievements and Open Questions*, in J. MONAR e. a., The Maastricht..., p. 107 e ss; J. LIÑAN NOGUERAS, *De la ciudadania europea a la ciudadania de la Union*, GJ, 1992, p. 65.

O princípio da subsidiariedade aparece definido em termos semelhantes aos do actual Tratado da União Europeia[67], tendo apenas sido adi-

---

[67] Sobre o princípio da subsidiariedade, ver, entre muitos outros, MARIA MARGARIDA SALEMA D'OLIVEIRA MARTINS, *O princípio da subsidiariedade em perspectiva jurídico-política*, Coimbra, 2003, p. 91 e ss; ANA MARIA GUERRA MARTINS, *A natureza* ..., p. 148 e ss; FAUSTO DE QUADROS, *O princípio da subsidiariedade no Direito Comunitário após o Tratado da União Europeia*, Coimbra, 1995, p. 11 e ss; TORSTEN STEIN, *El principio de subsidiariedad en el derecho de la Union Europea*, Rev. Est. Pol., 1995, p. 69 e ss; THEODOR SCHILLING, *A New Dimension of Subsidiarity: Subsidiarity as a Rule and a Principle*, YEL, 1994, p. 203 e ss; GIROLAMO STROZZI, *Le principe de subsidiarité dans la perspective de l'intégration européenne: une énigme et beaucoup d'attentes*, RTDE, 1994, p. 373 e ss; ANGEL BOIXAREU CARRERA, *El principio di subsidiariedad*, Rev. Inst. Eur., 1994, p. 771 e ss; PAOLO CARETTI, *Il principio di sussidiarietà e i suoi riflessi sul piano dell'ordinamento comunitario e dell'ordinamento nazionale*, Quad. Cost., 1993, p. 7 e ss; JO STEINER, *Subsidiarity under the Maastricht Treaty*, in DAVID O'KEEFFE e. a., Legal Issues..., p. 49 e ss; A. G. TOTH, *A Legal Analysis of Subsidiarity*, in DAVID O'KEEFFE e. a., Legal..., p. 37 e ss; FRANS PENNINGS, *Is the Subsidiarity Principle Useful to Guide the European Integration Process?*, Tilburg Foreign L. Rev., 1993, p. 153 e ss; MARIE CORNU, *Compétences culturelles en Europe et principe de subsidiarité*, Bruxelas, 1993, *passim*; NICHOLAS EMILIOU, *Subsidiarity: An Effective Barrier Against "the Entreprises of Ambition"*, ELR, 1992, p. 313 e ss; DEBORAH CASS, *The Word that Saves Maastricht? The Principle of Subsidiarity and the Division of Powers within the European Community*, CMLR, 1992, p. 1107 e ss; GEORGES VANDERSANDEN, *Considérations sur le principe de subsidiarité*, in Mélanges offerts à J. VELU, Présence du droit public et des droits de l'homme, Bruxelas, 1992, p. 193 e ss; HERVÉ BRIBOSIA, *Subsidiarité et répartitions de compétences entre la Communauté et ses Etats membres*, RMUE, 1992, p. 166 e ss; ENZO MATTINA, *Subsidiarité, démocratie et transparence*, RMUE, 1992, p. 204 e ss; E. GAZZO, *Lever le voile de la "subsidiarité" pour ne pas tomber dans les pièges qu'elle peut cacher*, RMUE, 1992, p. 221 e ss; RICCARDO PERISSICH, *Le principe de subsidiarité, fil conducteur de la politique de la Communauté dans les années à venir*, RMUE, 1992, p. 7 e ss; VLAD CONSTANTINESCO, *Subsidiarité... vous avez dit subsidiarité?*, RMUE, 1992, p. 227 e ss; A. G. TOTH, *The Principle of Subsidiarity in the Maastricht Treaty*, CMLR, 1992, p. 1079 e ss; J. MERTENS DE WILMARS, *Du bon usage de la subsidiarité*, RMUE, 1992, p. 193 e ss; MARK WILKE/HELEN WALLACE, *Subsidiarity: Approaches to Power-Sharing in the European Community*, RIIA Discussion Papers 27; ANDREW ADONIS/JONES STUART, *Subsidiarity and the European Community Constitutional Future*, Staatswiss. u. Staatspr., 1991, p. 179 e ss; P. J. C. KAPTEYN, *Community Law and the Principle of Subsidiarity*, RAE, 1991, p. 35 e ss; A. MATTERA, *Subsidiarité, reconnaissance mutuelle et hiérarchie des normes européennes*, RMUE, 1991, p. 7 e ss; VLAD CONSTANTINESCO, *Le principe de subsidiarité: un passage obligé vers l'Union Européenne*, in Mélanges JEAN BOULOUIS, p. 35 e ss; FRANCISCO LUCAS PIRES, *A política social comunitária como exemplo do princípio de subsidiariedade*, RDES, 1991, p. 239 e ss; KURT SCHELTER, *La subsidiarité: principe directeur de la future Europe*, RMC, 1991, p. 138 e ss.

tada uma referência aos vários níveis de poder dos Estados – o nível central, regional e local. Isto é: no domínio das competências não exclusivas, a União apenas poderá exercer a competência em questão, quando algum destes níveis não puder actuar adequadamente.

A densificação dos princípios da subsidiariedade e da proporcionalidade continua a constar de um protocolo, à semelhança do que acontece actualmente.

A principal novidade desse protocolo consiste na introdução de um mecanismo de participação dos parlamentos nacionais no procedimento legislativo, designado como de «alerta rápido», que foi aceite na sequência de uma recomendação do Grupo de trabalho IV relativo aos parlamentos nacionais.

Este mecanismo tem por objectivo permitir aos parlamentos nacionais avaliarem se o princípio da subsidiariedade está a ser correctamente aplicado e pode ir ao ponto da interposição de um recurso, com base no art. III-270, pelos Estados membros, mas a solicitação dos parlamentos nacionais.

14.2. A enumeração das categorias de competências

Se o projecto de constituição para a Europa inova pouco, no que toca aos princípios sobre delimitação e exercício de competências, já o mesmo não se pode afirmar, no que diz respeito à enumeração das competências da União. O projecto introduz algumas inovações significativas, ao descrever, pela primeira vez, as categorias de competências (art.11.º), assim como as matérias que se inserem em cada uma delas (arts. 12.º e segs.).

A convenção procurou, deste modo, dar uma resposta satisfatória às críticas relacionadas com o carácter insuficiente das soluções consagradas no TCE e no TUE[68], que se baseiam no método da enumeração dos objectivos e dos instrumentos necessários para os atingir.

---

[68] Sobre a repartição de atribuições entre a União e os Estados membros, ver, entre outros, UDO DI FABIO, *Some Remarks on the Allocation of Competences Between the European Union and its Member States*, CMLR, 2002, p. 1289 e ss; ALAN DASHWOOD, *The States in the European Union*, ELR, 1998, p. 201 e ss; *Idem, The Limits of European Community Powers*, ELR, 1996, p. 113 e ss; DANIELA OBRADOVIC, *Repatriation of Powers in*

Assim, o projecto de constituição para a Europa prevê os seguintes tipos de competências:
a) competências exclusivas (art. 12.º), em que só a União pode actuar através de actos legislativos e de actos juridicamente vinculativos;
b) competências partilhadas com os Estados membros (art. 13), nas quais tanto os Estados como a União podem actuar;
c) coordenação das políticas económicas e de emprego (art. 14.º);
d) política externa e de segurança comum (art. 15.º);
e) domínios de acção de apoio, de coordenação ou de complemento (art. 16.º), em que a União pode desenvolver acções, sem substituir a competência dos Estados.

A) As competências exclusivas da União – estão previstas no art. 12.º e abrangem as regras de concorrência necessárias ao funcionamento do mercado interno, a política monetária para os Estados que tenham adoptado o euro, a política comercial comum, a União Aduaneira e a conservação dos recursos biológicos do mar, no âmbito da política comum das pescas.

A enumeração das competências exclusivas no projecto de constituição é até relativamente modesta, pois deixa de fora matérias que hoje se considera que fazem parte das competências exclusivas, como é o caso de muitos aspectos da política agrícola comum.

Daqui decorre que as transferências de poderes dos Estados para a União são menores, no projecto de constituição, do que actualmente, o que vai ter implicações em matéria de soberania dos Estados. Efectivamente, ao contrário do que tem sido dito, os Estados vêem a sua soberania melhor salvaguardada no projecto de constituição do que nos tratados actuais.

B) As competências partilhadas da União com os Estados membros – estão enunciadas no art. 13.º e abarcam, principalmente, os domínios do mercado interno, do espaço de liberdade, de segurança e justiça, da agricultura e pescas, com excepção da conservação dos recursos biológicos, dos transportes e redes transeuropeias, da energia, da política social, da coesão económica, social e territorial, do ambiente, da defesa dos consumidores e dos problemas comuns de segurança em matéria de saúde pública.

---

the European Community, CMLR, 1997, p. 59 e ss; MARIA LUÍSA DUARTE, *A teoria dos poderes implícitos e a delimitação de competências entre a União Europeia e os Estados-membros*, Lisboa, 1997, p. 287 e ss; ANTÓNIO GOUCHA SOARES, *Repartição de competências e preempção no Direito Comunitário*, Lisboa, 1996, p. 125 e ss.

C) Coordenação das políticas económicas e de emprego – o art. 14.º prevê a coordenação das políticas económicas e de emprego dos Estados. À União compete adoptar medidas com vista a garantir a coordenação das políticas económicas dos Estados, através da adopção de orientações gerais (n.º 1), assim como medidas com vista a garantir a coordenação das políticas de emprego dos Estados membros (n.º 3). A União pode ainda adoptar iniciativas com vista a garantir a coordenação das políticas sociais dos Estados membros (n.º 4). Além disso, deve sublinhar-se que o projecto de constituição afirma, expressamente, que serão aplicáveis disposições específicas aos Estados que tenham adoptado o euro (n.º 2).

D) Política Externa e de Segurança Comum – é subtraída ao regime comum da repartição de competências, estabelecendo o art. 15.º que a competência da União em matéria de PESC abrange todos os domínios da política externa, bem como todas as questões relativas à segurança da União, incluindo a definição gradual de uma política comum de defesa, que poderá conduzir a uma defesa comum.

E) Domínios de acção de apoio, de coordenação ou de complemento – o art. 16.º prevê que a União possa desenvolver acções deste tipo no âmbito da indústria, da protecção e melhoria da saúde humana, da educação, formação profissional, juventude e desporto, cultura e protecção civil.

As diferentes categorias de competências enunciadas na Parte I vão ser desenvolvidas na Parte III. Todavia, como veremos[69], a sistematização desta Parte não coincide totalmente com a enumeração da Parte I acabada de referir.

14.3. A cláusula de flexibilidade

O projecto de constituição mantém uma cláusula de alargamento de competências, inspirada no art. 308.º do TCE[70], tendo procedido, porém, a algumas alterações no texto do preceito.

---

[69] V. *infra* n.º 21.3.

[70] V. sobre o preceito do TCEE com a mesma redacção, ANA MARIA GUERRA MARTINS, *O art. 235.º do Tratado da Comunidade Económica Europeia – Cláusula de alargamento das competências dos órgãos comunitários*, Lisboa, 1995, p. 119 e ss, bem como toda a bibliografia aí citada e ainda MARIA LUÍSA DUARTE, *A teoria* ..., p. 458 e ss.

Assim, a cláusula de flexibilidade está prevista no art. 17.º. O n.º 1 dispõe que «se se afigurar necessária uma acção da União, no quadro das políticas definidas na Parte III, para atingir um dos objectivos estabelecidos pela constituição, não prevendo esta os poderes requeridos para o efeito, o Conselho de Ministros tomará as medidas adequadas, deliberando por unanimidade, sob proposta da Comissão e após aprovação do Parlamento Europeu».

Em termos substanciais, comparado com o citado art. 308.º TCE, o preceito deixou de remeter para o funcionamento do mercado comum, o que está em consonância com a opinião maioritária da doutrina, que há muito vinha apontando o carácter obsoleto dessa remissão.

Em termos formais, passa a ser necessária a aprovação do Parlamento Europeu, ao contrário da mera consulta prevista no art. 308.º, mantendo-se, no entanto, a exigência de unanimidade no Conselho, como salvaguarda da soberania dos Estados.

É também a preocupação de não afectar a soberania dos Estados que justifica o n.º 3 do art. 17.º, que especifica que as disposições adoptadas ao abrigo da cláusula de flexibilidade não podem implicar a harmonização das disposições legislativas e regulamentares dos Estados membros, nos casos em que a constituição exclua tal harmonização.

O n.º 2 do art. 17.º procura adaptar este preceito às modificações introduzidas noutros domínios. Assim, o mecanismo de controlo do princípio da subsidiariedade também deve ser aplicado às propostas baseadas no art. 17.º.

14.4. O primado do Direito da União

Segundo o n.º 1 do art. 10.º, a constituição e o direito adoptado pelos órgãos da União no exercício das competências que lhe são atribuídas primam sobre o direito dos Estados membros. O n.º 2 do mesmo artigo prevê que os Estados membros devem tomar todas as medidas gerais ou específicas necessárias para garantir a execução das obrigações decorrentes da constituição ou resultantes dos actos das instituições da União.

Este preceito consagra, indubitavelmente, o princípio do primado do Direito da União sobre os Direitos dos Estados membros, mas deve sublinhar-se que da sua letra não resulta muito claro o âmbito de aplicação do mesmo. Parecem ser admissíveis interpretações mais amplas e mais restritas.

Assim, numa interpretação ampla a expressão «o direito adoptado pelos órgãos da União», abrangeria qualquer acto ou norma da União, quer fizesse parte de um acto legislativo, quer se inserisse num acto não legislativo. Todavia, uma interpretação restrita pode justificar a exclusão do primado, quando estão em causa actos não legislativos.

A expressão «primam sobre o direito dos Estados membros» também é bastante ambígua e já está a dar azo a muita discussão. Numa interpretação ampla, o direito dos Estados membros, a que alude o art. 10.º, seria todo o Direito, incluindo o próprio direito constitucional. Numa interpretação restrita, excepcionar-se-iam as constituições estaduais.

Em nosso entender, o art. 10.º só se pode compreender se o analisarmos numa tripla perspectiva:
– a perspectiva histórica, segundo a qual se deve levar em linha de conta a jurisprudência em matéria de primado, tanto do Tribunal de Justiça, como dos Tribunais Constitucionais ou dos Supremos Tribunais dos Estados;
– a perspectiva finalística, pela qual se procurará averiguar qual o fim que o princípio do primado do Direito da União pretende prosseguir;
– a perspectiva sistemática, através da qual se tentará enquadrar o art. 10.º no contexto mais vasto do projecto de constituição no seu conjunto.

A) Perspectiva histórica – deve sublinhar-se que, apesar de não existir nos Tratados qualquer cláusula de supremacia do direito comunitário sobre os direitos nacionais, o Tribunal desenvolveu, desde muito cedo, o princípio do primado do direito comunitário sobre os direitos nacionais.

a) Assim, em 1964, o TJ declarou, no caso COSTA ENEL, que:

«(...) *o direito nascido do tratado não poderia, portanto, em razão da sua natureza específica original, ver-se judiciariamente opor um texto interno qualquer que ele seja, sem perder o seu carácter comunitário e sem que seja posta em causa a base jurídica da própria Comunidade;*
que a transferência, operada pelos Estados, da sua ordem jurídica interna, a favor da ordem jurídica comunitária, dos direitos e obrigações correspondentes às disposições do tratado, implica uma transferência definitiva dos seus direitos soberanos contra a qual não se poderia prevalecer um acto unilateral ulterior incompatível com a noção de Comunidade.» [71].

---

[71] Ac. de 15/7/64, *Costa ENEL*, proc. 6/64, Rec. 1964, p. 1160.

O TJ fundou o primado numa interpretação global do Tratado, tendo-o deduzido, em especial, de algumas disposições, como, por exemplo, os arts. 5.°, n.° 2, e 7.° (actuais arts. 10.° e 12.° do TCE). Considerou ainda que as obrigações assumidas no Tratado que institui a Comunidade não seriam incondicionais se pudessem ser postas em causa por actos legislativos futuros dos signatários. Os Estados só têm o direito de agir unilateralmente em virtude de uma disposição expressa (arts. 15.° (hoje revogado), 93.°, n.° 3 (actual art. 88.°), 223.° a 225.° (actuais arts. 296.° a 298.°), os pedidos de derrogação às disposições do Tratado são submetidos a um processo de autorização (arts 8.°, n.° 4; 17.°, n.° 4; 25.°, 26.°, 73.°, 93.°, n.° 2, 226.° (todos revogados, com excepção do art. 93.°, que corresponde ao art. 88.°). Além disso, o art. 189.° (actual art. 249.°) prevê que os regulamentos são obrigatórios e directamente aplicáveis[72,73].

Daqui se infere que nas Comunidades Europeias não é o direito interno (constitucional) dos Estados que comanda a posição que o direito comunitário deve ocupar na hierarquia de fontes da ordem jurídica interna de cada Estado, mas é a própria natureza do direito comunitário e das Comunidades Europeias que impõem a sua supremacia.

b) Mais tarde, em 1970, o TJ retoma a jurisprudência COSTA ENEL, no caso INTERNATIONALE HANDELSGESELLSCHAFT, acrescentando que a possível violação dos direitos fundamentais, tal como estão formulados na constituição de um Estado membro, bem como a violação dos princípios de uma estrutura constitucional nacional não afectarão a validade de um acto da Comunidade ou o seu efeito sobre o território desse Estado[74].

c) O Tribunal vai fechar o círculo, no caso SIMMENTHAL, ao concluir que:

«todo o juiz nacional, demandado no quadro da sua competência, tem a obrigação de aplicar integralmente o direito comunitário e de proteger os direitos que este confere aos particulares, deixando inaplicável toda a disposição eventualmente contrária da lei nacional, seja ela anterior ou posterior à regra comunitária»[75,76].

---

[72] *Idem*, p. 1159.

[73] Sobre o caso COSTA ENEL, ver ERIC STEIN, *Toward Supremacy of Treaty-Constitution by Judicial Fiat: on the Margin of the Costa Case,* Mich. L. Rev., 1965, p. 491 e ss.

[74] Ac. de 17/12/70, *Internationale*, Proc. 11/70, Rec. 1970, p. 1135.

[75] Ac. de 9/3/78, *Simmenthal*, proc. 106/77, Rec. 1978, p. 643 e 644.

[76] Para um comentário do caso SIMMENTHAL, ver A. BARAV, *Observations sous Cour de Justice, 9 mars 1978, aff. n.° 106/77, Simmenthal,* CDE, 1978, p. 260 e ss; VLAD CONS-

Para o Tribunal de Justiça, o princípio do primado abrange todas as fontes de direito comunitário, incluindo o direito derivado e todas as fontes de direito interno, incluindo o direito constitucional[77].

A relação que se estabelece entre o direito comunitário e os Direitos dos Estados membros apresenta-se, portanto, inovadora, competindo à ordem jurídica nacional assegurar a aplicação plena da norma comunitária.

Fica, no entanto, por resolver a questão de saber quem é o último árbitro da constitucionalidade no seio da União, se o Tribunal de Justiça, se os Tribunais Constitucionais nacionais ou os Supremos Tribunais estaduais. Na verdade, verifica-se, neste domínio, um conflito aparentemente insolúvel, que tem sido resolvido a favor do Tribunal de Justiça, uma vez que os Tribunais Constitucionais, designadamente, o *Bundesverfassungsgericht*, se têm abstido de fiscalizar a constitucionalidade do Direito da União, por considerarem que os casos em que os conflitos, eventualmente,

---

TANTINESCO e. a., *L'effet direct du droit communautaire et ses conséquences normatives et institutionnelles*, JDI, 1979, p. 936 e ss.

[77] Sobre o princípio do primado, ver, do muito que se tem escrito, GIANCITO BOSCO, *La primauté du droit communautaire dans les ordres juridiques des Etats membres de l'Union européenne*, in OLE DUE (Dir.), Festschrift EVERLING, vol. I, Baden-Baden, 1995, p. 149 e ss; MARIA LUISA DUARTE, *O Tratado da União Europeia e a garantia da Constituição (notas de uma reflexão crítica)*, in Estudos em Homenagem ao Professor Doutor João de CASTRO MENDES, Lisboa, 1995, p. 665 e ss; GIL CARLOS RODRIGUEZ IGLESIAS, *Tribunales Constitucionales y Derecho Comunitario*, in Hacia un nuevo orden internacional y europeo: estudios en homenaje al Professor DIEZ VELASCO, Madrid, 1993, p. 1175 e ss; ROBERT KOVAR, *La contribution de la Cour de justice à l'édification de l'ordre juridique communautaire*, RCADE, vol. IV, livro 1, 1993, p. 21 e ss; ROBERT LECOURT, *Quel eût été le droit des Communautés sans les arrêts de 1963 e 1964?*, in L'Europe et le Droit: mélanges en hommage à JEAN BOULOUIS, Paris, 1991, p. 349 e ss; DENYS SIMON, *Les exigences de la primauté du droit communautaire: continuité ou métamorphoses?* in Mélanges JEAN BOULOUIS..., p. 481 e ss; CONSTANTINOS KAKOURIS, *La relation de l'ordre juridique communautaire avec les ordres juridiques des Etats membres (quelques réflexions parfois peu conformistes)*, in F. CAPOTORTI e. a., Du droit international au droit de l'intégration. Liber Amicorum PIERRE PESCATORE, Baden-Baden, 1987, p. 319 e ss; ROBERT KOVAR, *Rapports entre le droit communautaire et les droits nationaux*, in Trente ans..., p. 115 e ss; BRUNO DE WITTE, *Retour à «Costa» – La primauté du droit communautaire à la lumière du droit international*, RTDE, 1984, p. 425 e ss; VLAD CONSTANTINESCO, *La primauté du droit communautaire, mythe ou réalité?* in GERHARD LÜKE e. a. (Dir.) Gedächnisschrift für LEONTIN-JEAN CONSTANTINESCO, Colónia, 1983, p. 109 e ss; ADOLFO MIAJA DE LA MUELLA, *La primacia sobre los ordenamientos juridicos internos del Derecho Internacional y del Derecho Comunitario europeo*, Rev. Inst. Eur., 1974, p. 987 e ss.

se poderiam colocar, isto é, em relação aos direitos fundamentais, o TJ tem assegurado adequadamente a sua protecção pela via dos princípios gerais de direito.

Esta perspectiva histórica parece ajudar-nos a compreender que a cláusula do primado do art. 10.º do projecto de constituição não deve ser interpretada num sentido tão restrito que implique um retrocesso em relação ao acervo jurisprudencial.

B) Perspectiva finalística – o princípio do primado tem subjacente as ideias de solidariedade, de comunhão de interesses e de valores entre os Estados membros, ideias que são reforçadas no projecto de constituição. Além disso, o primado tem como objectivo assegurar a aplicação uniforme do Direito da União em todos os Estados membros, pretendendo-se, por essa via, impedir que os Estados, através dos seus direitos internos, ainda que de cariz constitucional, se possam furtar às suas obrigações dentro da União. Ora, à medida que a União vai avançando para formas de integração de carácter político, cada vez faz menos sentido admitir que os Estados possam, unilateralmente, produzir Direito contrário ao Direito comum. O princípio do primado faz parte da essência da União ou, como afirmou PESCATORE é uma exigência existencial da Comunidade.

C) Perspectiva sistemática – por último, importa averiguar se, consagrando o projecto de constituição alguns elementos no sentido de um federalismo europeu[78], a inserção de uma cláusula de supremacia do Direito da União poderá ser encarada como a aceitação de um princípio federal típico, a saber, *Bundesrecht brichtLändesrecht*.

A resposta a esta questão depende da análise do contexto em que o art. 10.º se insere.

Em primeiro lugar, deve sublinhar-se que se assiste a um aumento das referências às constituições estaduais e às tradições constitucionais dos Estados. Assim, o art. I-5.º, n.º 1, afirma que a União respeita a identidade nacional dos Estados, reflectida nas estruturas políticas e constitucionais de cada um deles e o art. II-53.º refere que nenhuma disposição da Carta pode ser interpretada no sentido de restringir ou lesar direitos do Homem ou liberdades fundamentais reconhecidos nas Constituições dos Estados membros.

Além disso, a cláusula do primado ínsita no projecto de constituição só poderia ser considerada tipicamente federal se se aceitasse a competên-

---

[78] Também há elementos em sentido inverso.

cia do Tribunal de Justiça para anular o Direito nacional contrário ao Direito da União, o que não se verifica.

Logo, de um ponto de vista substancial, a cláusula do art. 10.º do projecto de constituição limita-se a consagrar a jurisprudência do TJ neste domínio. Ou seja, o projecto de constituição não admite o primado nos termos mais amplos.

Em conclusão, a cláusula do art. 10.º limita-se a consagrar o primado nos estritos termos em que ele já faz parte do acervo da União[79].

15. A estrutura orgânica da União

15.1. O equilíbrio originário perdido

O quadro institucional previsto no Tratado de Roma foi concebido para seis Estados membros (três grandes e três médios e pequenos), e continha um equilíbrio, que, entretanto, se foi progressivamente perdendo. Não se verificou, até ao momento actual, a sua substituição com êxito.

A Comunidade estendeu-se geograficamente e ao mesmo tempo viu as atribuições substancialmente alargadas, o que implicou um maior envolvimento dos cidadãos no processo de integração europeia, pelo que o quadro institucional da União se viu na contingência de ter de dar resposta a dois desafios – o alargamento e o aprofundamento – , para os quais não estava de todo preparado.

Assim, os sucessivos alargamentos tornaram mais difícil a tomada de decisão, que se baseia, em muitos casos, na regra da unanimidade e a maior implicação dos cidadãos reforçou as exigências em matéria de democracia, de eficácia e de transparência.

Mas qualquer modificação do quadro institucional no sentido de o tornar mais democrático, mais eficaz e mais transparente implica necessariamente uma alteração no equilíbrio de Poder estabelecido entre os Estados membros, o que se afigura muito sensível. Daí que há, pelo menos, 15 anos que se tenta alterar o quadro institucional sem sucesso.

---

[79] Esta é também a posição da Presidência italiana, que, na proposta apresentada ao Conclave de Nápoles já citada, sugere a inserção de uma declaração na acta final nos seguintes termos: «a Conferência constata que o disposto no n.º 1 art. I-10.º reflecte a jurisprudência existente do Tribunal de Justiça».

15.2. À procura de um novo equilíbrio desde o AUE

Efectivamente, já no AUE se introduziram algumas modificações institucionais, embora pouco arrojadas[80].

No Tratado de Maastricht introduziram-se, neste domínio, alterações mais profundas[81], mas sempre dentro do espírito do texto original, isto é, de acordo com os princípios estabelecidos no Tratado de Roma, tendo, no entanto, resultado claro que o quadro institucional, tal como estava, não se podia manter por muito mais tempo.

Dentro deste espírito, na CIG 96, surgiram propostas de alteração do quadro institucional, que se afastavam bastante do esquema tradicional,

---

[80] O AUE institucionalizou, formalmente, do Conselho Europeu (art. 2.º AUE), reforçou os poderes do Parlamento Europeu ao nível do processo de decisão, através da introdução de um processo de cooperação entre o Parlamento Europeu e o Conselho e da introdução da exigência de parecer conforme, no domínio dos acordos de adesão (art. 237.º TCEE) e dos acordos de associação (art. 238.º TCEE), repôs a regra de votação por maioria qualificada, no seio do Conselho e reconheceu a competência de execução da Comissão, dado que o Conselho nos actos que adopta deve atribuir à Comissão competência de execução das normas que estabelece (art. 10.º AUE). Além disso, ainda possibilitou a criação do Tribunal de Primeira Instância (art. 168.ºA TCEE), que acabou por ser criado pela Decisão 88/591/CECA, CEE e Euratom, de 24/10/88. Para mais desenvolvimentos, ver RUI MANUEL MOURA RAMOS, *O Acto Único Europeu*, in Das Comunidades..., p. 143 e ss; PAULO DE PITTA E CUNHA, *Um novo passo na integração comunitária: o Acto Único Europeu*, in Integração Europeia – Estudos de economia, política e direito comunitários, Lisboa, 1993, p. 389 e ss; JEAN DE RUYT, *L'Acte Unique Européen*, 2.ª ed., Bruxelas, 1989, p. 111 e ss; GEORGE A. BERMANN, *The Single European Act: A New Constitution for the Community?*, Columb. J. Transnat'l L., 1989, p. 567 e ss; FRANCISCO ALDECOA LUZARRAGA, *El Acta Unica Europea. Primer passo incierto en la profundacion comunitaria hacia la Union Europea*, Rev. Inst. Eur., 1986, p. 550 e ss; JEAN-PAUL JACQUÉ, *L'Acte Unique Européen*, RTDE, 1986, p. 586 e ss; H. J. GLAESNER, *L'Acte Unique Européen*, RMC, 1986, p. 307 e ss; GIANCITO BOSCO, *Commentaire de l'Acte Unique Européen des 17-28 février1987*, CDE, 1987, p. 355 e ss.

[81] Saliente-se o reforço dos poderes do PE, através da introdução do procedimento de co-decisão, bem como o aumento dos casos de votação por maioria qualificada. Sobre a reforma institucional realizada pelo Tratado de Maastricht, ver ENRIQUE GÓNZALEZ SANCHEZ, *La evolucion institucional de la Union Europea: del sistema quadripartito previsto en los tratados originarios a un sistema institucional tripartito en la perspectiva de realizacion de la unificacion europea*, Rev. Inst. Eur., 1994, p. 85 e ss; JOËL RIDEAU, *Le Traité de Maastricht du 7 février 1992 sur l'Union européenne. Aspects institutionnels*, RAE, 1992, p. 21 e ss; JEAN BOULOUIS, *À propos des dispositions institutionnels du traité sur l'Union Européenne*, RAE, 1992, p. 5 e ss.

mas não obtiveram os consensos necessários. Todavia, nessa CIG, como todos estavam conscientes que o futuro alargamento aos PECO's tornava a reforma institucional, não só desejável, como imperiosa, decidiu-se incluir no Tratado de Amesterdão um protocolo, que afirmava que antes do alargamento seriam reequacionadas, pelo menos, as questões da composição da Comissão e da ponderação de votos no seio do Conselho[82]. Trata-se dos chamados *left overs* de Amesterdão.

A solução da questão institucional foi, portanto, protelada, mais uma vez.

Chegados a Nice, e perante a iminência do maior alargamento da História da União Europeia, e de um alargamento que conduzirá a União a uma ainda maior heterogeneidade, tornou-se inevitável a solução deste assunto, sob pena de total paralisia da União.

Na verdade, em Nice fez-se uma profunda reforma institucional[83], mas o acordo aí conseguido foi objecto das mais duras críticas[84].

Do exposto resulta que, por um lado, a reforma institucional ocupa a agenda da União há mais de uma década, e, por outro lado, não se tem conseguido chegar a resultados satisfatórios neste domínio.

É, pois, neste contexto de dificuldades, de indecisões, de adiamentos sucessivos, que tem de ser estudado e avaliado o quadro institucional da União Europeia previsto no projecto de constituição.

---

[82] Sobre este Protocolo, ver SYMÉON KARAGIANNIS, *Le protocole de 1997 sur les institutions dans la perspective de l'élargissement de l'Union européenne*, RDUE, 2000, p. 337 e ss; MARC-ANDRÉ GAUDISSART, *Le protocole sur les institutions dans la perspective de l'élargissement de l'Union européenne: vers un elargissement sans perspectives pour l'Union?*, in YVES LEJEUNE, Le traité d'Amsterdam..., p. 411 e ss; PHILIPPE MANIN, *L'élargissement de l'Union européenne et son adaptation institutionnellle*, in AAVV, Le Traité d'Amsterdam et les perspectives d'évolution de l'Union européenne, Paris, 1997, p. 35 e ss.

[83] Sobre a reforma institucional realizada em Nice, ver ANA MARIA GUERRA MARTINS, *O Tratado de Nice* ..., p. 779 e ss, bem como toda a bibliografia aí citada.

[84] Ver PAZ ANDRÉS SÁENZ DE SANTA MARIA, *La reforma institucional en el Tratado de Niza : la búsqueda del círculo cuadrado*, in CARLOS MOREIRO GONZÁLEZ (coord.), Tratado de Niza – Análisis, comentarios y texto, Madrid, 2002, p. 48; JEAN-MARC FAVRET, *Le Traité de Nice...*, p. 281; CESÁREO GUTIÉRREZ ESPADA, *Una reforma «difícil pero productiva»...*, p. 49; MICHEL PETITE, *Nice...*, 2001, p. 889; JEAN-CLAUDE GAUTRON, *Le traité de Nice satisfait-il aux exigences de l'élargissement?*, RAE, 2000, p. 346 e 356.

15.3. As premissas da reforma institucional no projecto de constituição

As modificações institucionais previstas no projecto de constituição só podem ser plenamente compreendidas se tivermos em conta as premissas de que parte, as quais, em nosso entender, são as seguintes:

A) Quadro institucional de uma união de Estados e de cidadãos – como vimos, a União Europeia não é apenas uma união de Estados, mas é também uma união de cidadãos, o que vai ter necessariamente repercussões no seu quadro institucional. Com efeito, o projecto de constituição, ao assumir que a União Europeia tem uma natureza e uma legitimidade, baseadas nos Estados e nos cidadãos, vai ter de retirar daí as devidas consequências. Os órgãos terão, obviamente, de respeitar essa dupla natureza e essa dupla base de legitimidade. Assim, os órgãos devem fundar-se, não só na igualdade dos Estados, como também na igualdade dos cidadãos, o que implica a observância dos princípios da democracia, da eficácia, da transparência, do equilíbrio institucional e da coerência.

B) Um quadro institucional de um ente político – as alterações institucionais não podem ser destacadas do âmbito mais vasto da modificação qualitativa da União, que caminha no sentido da criação de um verdadeiro ente político, dando mais um passo na aproximação a um modelo federal específico, mas não pré-estabelecido ou decalcado de qualquer outro.

15.4. O novo quadro institucional

O projecto de constituição europeia prevê os princípios fundamentais em matéria de reforma institucional da União nos arts. 18.º a 31.º da Parte I, procedendo ao seu desenvolvimento na Parte III, nos arts. 232.º e seguintes. Neste contexto, deve ainda mencionar-se o protocolo relativo à representação dos cidadãos no PE e a ponderação dos votos no Conselho Europeu e no Conselho de Ministros.

A reforma do quadro institucional operada pelo projecto de constituição europeia procura, em primeira linha, não romper com o quadro institucional anterior, mas, para além disso, também clarifica alguns aspectos até aqui obscuros, e noutros inova, quando tal se afigura necessário ou desejável.

A) Ausência de ruptura profunda com o quadro institucional anterior – em primeiro lugar, deve referir-se que o projecto de constituição reafirma, no art. 18.°, n.° 1, o princípio do quadro institucional único[85], o qual, devido ao desaparecimento da estrutura tripartida da União, passa a ser efectivamente único.

Em segundo lugar, do ponto de vista formal, deve sublinhar-se que o quadro institucional sofre uma alteração de relevo, que, de resto já fazia parte do acervo da União, qual seja a separação definitiva do Conselho Europeu e do Conselho de Ministros, que passam a ser constitucionalmente dois órgãos diferentes.

Para além disso, de acordo com o art. 18.°, n.° 2, do projecto, o quadro institucional mantém-se estável, sendo os órgãos principais o Parlamento Europeu, o Conselho Europeu, o Conselho de Ministros, a Comissão e o Tribunal de Justiça. O Banco Central Europeu (art. 29.°) mantém o seu estatuto de órgão especializado para as questões monetárias. O Comité das Regiões e o Comité Económico e Social (art. 31.°) são os órgãos consultivos da União e o Tribunal de Contas sofre uma certa despromoção, pois deixa de constar do elenco dos órgãos principais (art. 30.°).

Em terceiro lugar, o projecto de constituição mantém o princípio da competência de atribuição e da cooperação leal entre os órgãos (art. 18.°, n.° 3).

Daqui decorre que não foram aceites algumas propostas, que têm vindo a ser ventiladas nos últimos anos, no sentido de alterar, substancialmente, o quadro institucional, bem como o seu equilíbrio, como, por exemplo, a proposta de criação de um senado, no qual estivessem representados os Estados ou os parlamentares nacionais.

B) Elementos de clarificação – como se disse, o projecto de constituição contribui para esclarecer algumas questões institucionais. Assim, define expressamente, pela primeira vez, as funções do PE (art. 19.°),

---

[85] Este princípio foi, pela primeira vez, inserido no Tratado de Maastricht. Todavia, a estrutura tripartida da União não permitia daí retirar todas as consequências. Sobre o quadro institucional único, ver TON HEUKELS e. a., *The Configuration...*, p. 206 e ss; DENYS SIMON, *Art C*, Traité sur l'Union Européenne – Commentaire article par article, Paris, 1995, p. 69 e ss; J. CLOOS e. a., *Le Traité...*, p. 121 e ss; MARGARITA A. ROBLES CARRILLO, *La posicion del TJCE en el Tratado de la Union Europea: alcance y consecuencias de los articulos C y L*, Rev. Inst. Eur., 1994, p. 809 e ss.

como sendo a função legislativa e orçamental e as funções de controlo político e consultivas. Procede, do mesmo modo, relativamente ao Conselho (art. 22.º, n.º 1), que também possui as funções legislativa e orçamental, a par da função de definição de políticas e de coordenação.

Parece tratar-se da primeira tentativa séria de aproximar o quadro institucional da União de um modelo de separação de poderes, mais próximo do dos seus Estados membros, tornando a problemática das funções dos órgãos menos complexa, e, portanto, mais facilmente perceptível pelos cidadãos.

Em matéria de Conselho Europeu, o art. 20.º esclarece que este órgão não exerce competências legislativas e decide por consenso[86], autonomizando-o, portanto, como vimos, do Conselho de Ministros.

No que diz respeito à Comissão, as suas funções mantêm-se também, no essencial, estáveis, incluindo a função de guardiã dos Tratados, agora da constituição (art. 25.º).

Quanto ao Tribunal de Justiça, o projecto de constituição considera que ele continua a ser o órgão de controlo juridicional da União. O Tribunal funciona em várias instâncias: como Tribunal de Justiça Europeu, como Tribunal de Grande Instância, podendo ainda criar-se tribunais especializados (art. 28.º, n.º 1). A substituição da denominação do Tribunal de Primeira Instância pelo Tribunal de Grande Instância deve-se ao facto de que a partir das modificações introduzidas em Nice[87], aquele Tribunal deixa de ser apenas um tribunal de primeira instância para passar a ser também um tribunal de recurso, pois as decisões das câmaras jurisdicionais a criar são recorríveis para o TPI (artigo 225.ºA, par. 3, TCE). Não fazia, portanto, sentido manter a designação de Tribunal de Primeira Instância.

---

[86] Nem sempre assim é. Basta ver o artigo seguinte que estabelece a eleição do Presidente por maioria qualificada.

[87] Sobre a reforma jurisdicional no Tratado de Nice, ver, entre outros, DÁMASO RUIZ-JARABO, *La reforma del Tribunal de Justicia realizada por el Tratado de Niza y su posterior desarrollo*, in CARLOS MOREIRO GONZÁLEZ (coord.), Tratado de Niza..., p. 83 e ss; JAVIER ROLDÁN BARBERO, *La reforma del poder judicial en la Comunidad Europea*, Rev. Der. Com. Eur., 2001, p. 77 e ss; OLIVIA TAMBOU, *Le système juridictionnel communautaire revu et corrigé par le Traité de Nice*, RMCUE, 2001, p. 164 e ss; ANGUS JOHNSTON, *Judicial Reform and the Nice Treaty*, CMLR, 2001, p. 499 e ss; MANUEL LÓPEZ ESCUDERO, *Modificaciones del Tratado de Niza en el sistema jurisdiccional comunitario*, BEUR, 2001, p. 27 e ss; BERNHARD W. WEGENER, *Die Neuordnung der EU-Gerichtsbarkeit durch den Vertrag von Nizza*, DVBl., 2001, p. 1258 e ss.

C) As múltiplas inovações no quadro institucional – as manifestações de continuidade do quadro institucional, acabadas de mencionar, não devem, contudo, obnubilar as novidades que o mesmo encerra – que são muitas. Em nosso entender, devem destacar-se as seguintes:
– O princípio da representação degressivamente proporcional no PE (art. 19.º, n.º 2);
– A eleição da presidência do Conselho Europeu por maioria qualificada por um mandato de dois anos e meio, renovável (art. 21.º, n.º 1);
– A criação do Ministro dos Negócios Estrangeiros (art. 27.º), que é nomeado pelo Conselho Europeu, por maioria qualificada. O MNE conduz a PESC, contribui para a definição da política externa e executa-a na qualidade de mandatário do Conselho. Preside ao Conselho dos Negócios Estrangeiros (art. 23.º, n.º 2) e partilha a representação externa da União com o Presidente do Conselho Europeu (art. 21.º, n.º 2);
– As formações do Conselho – são o Conselho Legislativo, o Conselho dos Assuntos Gerais, o Conselho dos Negócios Estrangeiros e outras que se venham a formar, sendo que sempre que o Conselho exerce funções legislativas, as suas reuniões devem ser públicas (art. 49.º, n.º 2);
– A Presidência do Conselho é assegurada por um sistema de rotatividade por um mínimo de um ano, como veremos adiante (art. 23.º, n.º 4);
– A modificação do apuramento da maioria qualificada – depois 1 de Novembro de 2009 (art. 24.º, n.º 3), a decisão por maioria qualificada com base numa proposta da Comissão toma-se por maioria dos Estados que represente no mínimo três quintos da população (art. 24.º, n.º 1); se não houver proposta da Comissão será necessária a maioria de dois terços dos Estados, que represente no mínimo três quintos da população[88];
– A unanimidade pode ser afastada por uma decisão unânime do Conselho Europeu (art. 24.º, n.º 4);
– A composição da Comissão – colégio composto pelo Presidente, MNE, Vice-Presidente e treze comissários europeus, escolhidos

---

[88] Até 1 de Novembro de 2009 vigorarão as regras adoptadas em Nice que constam do protocolo relativo à ponderação de votos no Conselho Europeu e no Conselho de Ministros.

com base num sistema de rotação igualitária entre Estados Membros, sistema a estabelecer por uma decisão do Conselho Europeu (art. 25.°, n.° 3). O Presidente nomeia ainda comissários sem direito de voto provenientes dos outros Estados membros. Estas regras só se destinam a ser aplicadas a partir de 1 de Novembro de 2009[89].

15.5. Análise crítica do novo quadro institucional

A avaliação da reforma institucional deve ser efectuada tendo em conta as premissas de se partiu. Assim, a primeira questão que se deve colocar é, pois, a de saber se o novo quadro institucional responde satisfatoriamente às exigências de democracia, respeitando a igualdade dos Estados e dos cidadãos. Além disso, deve averiguar-se se a transparência, a eficácia, a simplificação, a coerência, o equilíbrio e a unidade estão asseguradas. Por fim, há que analisar se o novo quadro institucional se deve considerar o mais adequado para o ente – União Europeia – de tipo político e pendor federal, que parece emergir do projecto de constituição.

A) O Conselho Europeu – os problemas que se colocam a este nível não se prendem com o fim das presidências rotativas, que cada Estado passaria a ter de 12,5 em 12,5 anos numa União a 25 e de 15 em 15 anos numa União a 30 e que em nada contribuíriam para a representação externa da União nem para a afirmação da soberania dos Estados membros, mas sim com o modo como o seu Presidente passará a ser eleito, com a confusão de poderes entre ele e o Ministro dos Negócios Estrangeiros, com a ausência de controlo político ao nível da União e com o aumento da confusão em matéria de representação externa, dado que as competências externas passam a estar repartidas entre o Presidente do Conselho Europeu, o MNE e a Comissão (ver art. III-194.°, n.° 2).

Parece-nos que as alterações propostas em matéria de Conselho Europeu e da sua Presidência não contribuem, por certo, para uma União mais democrática, mais equilibrada, mais coerente e mais eficaz.

B) O Ministro dos Negócios Estrangeiros – como se viu, o MNE é nomeado pelo Conselho Europeu, que o pode destituir a qualquer momento,

---

[89] Até lá mantém-se a regra um Estado – um comissário constante do Protocolo aprovado em Nice.

mas, ao mesmo tempo, é vice-presidente da Comissão e preside ao Conselho de Negócios Estrangeiros.

O MNE é, portanto, duplamente responsável – perante o Presidente do Conselho Europeu e perante o Presidente da Comissão –, sendo certo que o Conselho Europeu e a Comissão representam interesses totalmente diversos dentro da União, pelo que o exercício desta dupla «fidelidade» não se afigura fácil.

O MNE exerce funções ao nível da acção externa da União e ao nível da PESC, tal como o Presidente do Conselho Europeu e, em parte, a Comissão.

Do exposto resulta que a figura do MNE, muito provavelmente, contribuirá para aumentar a confusão no exercício do Poder dentro da União e não para o tornar mais transparente, mais eficaz e mais coerente.

C) O Conselho de Ministros – no novo modelo bicameral, que o projecto de constituição pretende implementar, o Parlamento Europeu tem de ser encarado como uma câmara de cidadãos, enquanto o Conselho de Ministros deve ser equacionado como uma câmara dos Estados.

Daqui devem decorrer, necessariamente, algumas consequências, ao nível das regras de apuramento da maioria qualificada no seio do Conselho, dos seus poderes e do aumento dos casos de votação por maioria qualificada.

Assim, se o Conselho de Ministros é um órgão que representa os Estados, não se compreende o excessivo peso da população no apuramento da maioria qualificada. Na verdade, a dupla maioria de Estados e de três quintos (60%) da população parece demasiado favorável aos Estados mais populosos, pelo que na CIG está a formar-se, por razões diferentes, uma corrente muito forte contrária a esta regra. Para os Estados médios e pequenos a regra deveria ser alterada no sentido de substituir os três quintos por 50%, pois a regra dos 60% é-lhes desfavorável. Pelo, contrário, alguns Estados grandes, como a Espanha e a Polónia, pretendem ver essa percentagem aumentada para não perderem a minoria de bloqueio.

Em nosso entender, se se vier a alterar a regra dos 60%, deveria ser no sentido de reduzir a percentagem e não de a aumentar, isto porque a proporcionalidade da população deve ser inspiradora da representação no Parlamento Europeu e não da representação no Conselho.

Além disso, o facto de o Conselho ser uma câmara de Estados deve ter implicações ao nível da sua competência. Daí: a previsão expressa das funções legislativas do Conselho (art. 19.º), bem como a afirmação do carácter público das suas reuniões, a que já aludimos, quando estiver a exercer essas funções (art. 49.º, n.º 2). Trata-se de um reforço da transparência e da democracia na União.

Por último, o futuro próximo alargamento da União a 25 Estados impõe, em nome da eficácia do Conselho, e portanto, também da democracia, a adopção definitiva da decisão por maioria qualificada em relação a todos os aspectos que não tenham um carácter eminentemente constitucional. Este é, contudo, um dos aspectos que mais controvérsia tem gerado, pois implica a perda do domínio unilateral da decisão comum. É certo que, de acordo com os mecanismos de funcionamento da União, os Estados raramente exercem o direito de veto, mas afigura-se difícil que aceitem abdicar totalmente dele. Por esta razão, o projecto de constituição não procedeu a um alargamento significativo dos casos de votação por maioria qualificada. Pelo contrário, restam ainda largas franjas de votação por unanimidade, como, por exemplo, o domínio da fiscalidade.

A presidência do Conselho de Ministros sofre alterações. Enquanto a presidência do Conselho dos Negócios Estrangeiros é, como já vimos, do MNE, as presidências das outras formações do Conselho continuarão a rodar entre os Estados, mas por períodos de um ano, de acordo com regras e modalidades a estabelecer pelo Conselho Europeu por unanimidade (art. III-245.º, n.º 2)[90]. Essas modalidades têm de respeitar o princípio da igualdade dos Estados na rotação, e, ao mesmo tempo, têm de ter em conta o equilíbrio geográfico, político e a diversidade dos Estados membros (art. 23.º, n.º 4), o que, de resto, até parece um pouco contraditório. Protelou-se, portanto, a decisão sobre a presidência do Conselho para um momento posterior, pelo que não é possível, neste momento, avaliar se se conseguirão atingir os objectivos pretendidos. Uma coisa é certa: parece não se ganhar muito em termos de simplificação.

Deve ainda sublinhar-se que foram feitos esforços sérios, no sentido de ultrapassar o défice de coordenação e de coerência ao nível das várias formações do Conselho. O projecto de constituição prevê a definição de directrizes políticas gerais e prioridades, bem como de objectivos estraté-

---

[90] A Presidência italiana apresentou ao Conclave de Nápoles uma proposta de decisão neste domínio, pela qual a presidência das várias formações do Conselho, com excepção dos Conselho de Assuntos Gerais e do Conselho de Negócios Estrangeiros, seria assegurada colectivamente por grupos pré-determinados de três Estados durante um período contínuo de 12 meses.

gicos, que conferem um quadro geral de coerência e de orientação política (arts. I-20.º; I-23.º; III-194; III-196).

D) O Parlamento Europeu – o projecto de constituição esclarece, de uma vez por todas, a questão de saber quem está representado no Parlamento Europeu. O art. 19.º, n.º 2, faz referência aos cidadãos europeus, abandonando a formula mais ambígua dos povos dos Estados membros, usada até agora.

Em consequência, os poderes do PE são, consideravelmente, aumentados, no que diz respeito tanto aos assuntos legislativos como orçamentais. A co-decisão, agora denominada processo legislativo ordinário, passa a ser a regra para a adopção dos actos legislativos. Desaparece a distinção entre despesas obrigatórias e não obrigatórias no orçamento, o que leva a que a decisão orçamental passe para o PE, com algumas excepções (v. g. art. III-310). O PE adquire o estatuto de órgão legislativo e orçamental equiparado ao Conselho.

Ora, sendo o Parlamento o único órgão da União que detém uma legitimidade democrática directa, pois é eleito por sufrágio directo e universal pelos cidadãos europeus, o reforço dos seus poderes contribui, sem dúvida, para tornar a União mais democrática e mais próxima dos cidadãos.

E) A Comissão – como já se mencionou, a Comissão mantém, na generalidade, as funções que lhe são atribuídas, actualmente, pelo TUE e pelo TCE, incluindo a exclusividade do direito de iniciativa, excepto para a PESC, como se pode constatar pela leitura do art. 25.º, n.º 2, do projecto de constituição conjugado com as normas relativas à PESC (v. g. art. 39.º, n.º 7).

A função de execução das normas da União fica reservada aos Estados membros, salvo no que diz respeito às matérias de concorrência, de controlo das ajudas de Estado, ao estabelecimento e execução do orçamento e à gestão dos fundos estruturais, que compete à Comissão.

As modificações relativas à Comissão, que têm levantado mais polémica, incidem sobre a sua composição e o modo de designação do seu Presidente.

Como já referimos, o projecto de constituição preconiza a redução do número de comissários. Segundo o art. 25.º, n.º 3, passariam a ser apenas treze os comissários ligados aos Estados com direito de voto, o que é um dos aspectos mais criticados do projecto de constituição, pois afecta a igualdade dos Estados, reduzindo, consideravelmente, o Poder dos Estados que não dispuserem de comissário com direito de voto. Este é um dos aspectos que, muito provavelmente, ainda sofrerá alteração na CIG[91].

Quanto ao modo de designação do Presidente da Comissão, deve frisar-se que a sua eleição pelo PE (art. 26.°, n.° 1) lhe confere uma maior legitimidade democrática, o que deve ser considerado como um ponto positivo deste projecto de constituição. Aliás, esta modificação vai ter repercussões na caracterização do sistema político da União.

Em conclusão, após a análise do quadro institucional previsto no projecto de constituição, parece-nos que, embora ele esteja longe de ser perfeito, e, como tal, ainda necessite de alguns aperfeiçoamentos, está longe de ser a catástrofe que alguns pretendem fazer querer. É certo que é tributário de algumas deficiências, mas no cômputo geral responde mais adequadamente às exigências de democracia, de eficácia e de simplificação do que o actual.

Como dissemos, tudo leva a crer que algumas dessas deficiências ainda serão objecto de modificação e aperfeiçoamento na CIG, pois os aspectos institucionais são dos pontos menos consensuais do projecto de constituição europeia.

16. O exercício das competências da União

16.1. *A actual tipologia do Direito derivado*

As modificações introduzidas no projecto de constituição europeia, no âmbito das fontes de direito derivado, só poderão ser compreendidas, se partirmos da situação actual e analisarmos as críticas de que tem sido alvo.

Na verdade, o actual sistema de fontes de direito derivado não comporta uma hierarquia de normas e de actos da União[92] e desconhece a cor-

---

[91] A Presidência italiana apresentou ao Conclave de Nápoles uma proposta no sentido de aos comissários «sem direito a voto» serem atribuídos *dossiers* importantes, que impliquem responsabilidades reais. V. CIG 52/03 – PRESID 10, p. 4.

[92] V. ROLAND BIEBER/ISABELLE SALOMÉ, *Hierarchy of Norms in European Law*, CMLR, 1996, p. 907 e ss; J. DUTHEIL DE LA ROCHÈRE, *La hiérarchie des normes, in* PHILIPPE MANIN (Dir), La révision du Traité sur l'Union européenne. Perspectives et réalités (Rapport du groupe français d'étude pour la Conférence Intergouvernementale 1996),

respondência entre os diferentes actos e normas e as diversas funções dos órgãos[93].

Com efeito, a distinção entre a função normativa primária ou função legislativa, que nos Estados se reconhece aos Parlamentos, e a função normativa secundária ou função executiva, que é reconhecida aos Governos não tem relevância devida no ordenamento jurídico da União Europeia. A confusão entre as duas funções manifesta-se a três níveis: orgânico, competencial e formal.

Ora, as exigências do princípio do Estado de direito e da eficiência do sistema jurídico da União impõem a consagração da distinção entre a função normativa e função executiva e entre actividade normativa e actividade administrativa.

Além disso, o ordenamento jurídico da União também não diferencia dentro da função normativa secundária um poder regulamentar e um poder de execução singular. Os Tratados reconhecem indistintamente um "poder de decisão" que atribuem expressamente ao Conselho e à Comissão (art. 202.º, 211.º TCE) e implicitamente também ao PE conjuntamente com o Conselho (art. 211.º TCE).

Deste poder de decisão resultam três tipos de actos – os regulamentos, as directivas e as decisões – mas só há dois níveis de concretização das decisões jurídicas – o regulamento e a decisão – frente a três níveis nos Estados – lei, regulamento e acto administrativo.

O regulamento comunitário cumpre, assim, as funções da lei e do regulamento a nível interno.

Os actos da União Europeia também não se podem distinguir em função do seu autor ou dos procedimentos específicos, pois o TUE não prevê os procedimentos em função da sua natureza normativa ou executiva, mas sim dos poderes de participação reconhecidos a outros órgãos[94].

Ora, a distinção entre acto e norma representa um princípio básico de todo o ordenamento jurídico, consistindo na ordenação hierarquizada das

---

Paris, 1996, p. 41 e ss; ANTONIO TIZZANO, *La hiérarchie des normes communautaires*, RMUE, 1995, p. 219 e ss.

[93] Sobre este assunto, ver MARIO CHITI, *Derecho Administrativo Europeo*, Madrid, 2002, p. 126 e ss.

[94] V. XABIER ARZOZ SANTISTEBAN, *Concepto y régimen jurídico del acto administrativo comunitario*, Oñati, 1998, p. 157.

decisões públicas. Esta distinção também se deve aplicar ao ordenamento da União.

É certo que se conseguem descortinar algumas diferenças entre o regime jurídico dos actos de alcance geral e o dos actos de alcance singular, similares às existentes no plano interno, das quais se destaca a diferença relativa ao regime jurídico do contencioso.

Além disso, as normas operam como pressuposto de validade dos actos singulares, isto porque os actos singulares não podem derrogar o disposto nas normas, mesmo tratando-se do mesmo autor (princípio da inderrogabilidade singular dos actos gerais criado pelo TJ[95]).

Mas estas distinções não se podem considerar suficientes[96].

Na UE, muitas vezes, não se consegue determinar com exactidão quais são os órgãos que desenvolvem funções administrativas e, além disso, os mesmos órgãos exercem funções tipicamente administrativas a par de outras de natureza legislativa. Tanto a Comissão como o Conselho desempenham funções, que se podem considerar legislativas e administrativas. Ou seja, o princípio da separação de poderes não se aplica aqui do mesmo modo que nos Estados membros[97].

Deve ainda acrescentar-se que as sucessivas revisões do Tratado, em nada contribuíram para melhorar este panorama. Pelo contrário, a introdução dos pilares intergovernamentais – PESC e CJAI – geraram até novos focos de conflito, dado que as matérias nele incluídas não estão submetidos ao mesmo sistema de repartição de poderes nem de fontes.

16.2. *A nova tipologia de instrumentos jurídicos da União*

Tentando ultrapassar as críticas acabadas de mencionar, o projecto de constituição modifica a nomenclatura dos actos jurídicos nos arts. 32.º e

---

[95] V., entre outros, ac. do TJ, de 24/3/93, proc. C-313/90, *CIRFS*, Col. 1993, p. I-1125 e ac. do TPI, de 19/5/1994, proc. T-2/93, *Air France/Comissão*, Col. 1993, p. II-323 e ainda acórdãos de 8/6/1995, proc. T-7/93, *Langnese-Iglo/Comissão,* e proc. T-9/93, *Schöller/ /Comissão*, Col. 1995, p. II-1611

[96] V. XABIER ARZOZ SANTISTEBAN, *Concepto...*, p. 160.

[97] Sobre as particularidades de aplicação do princípio da separação de poderes na União, ver LUCIANO PAREJO ALFONSO e. a., *Manual de Derecho Administrativo Comunitario*, Madrid, 2000, p. 43 e ss; XABIER ARZOZ SANTISTEBAN, *Concepto...*, p. 252 e ss.

seguintes e procede a uma distinção entre actos legislativos e actos não legislativos.

Esta nova tipologia de instrumentos jurídicos, aliada às modificações introduzidas no âmbito das funções dos órgãos, já referidas, designadamente, a afirmação expressa das funções legislativas do Conselho e do Parlamento Europeu, parecem ter como pano de fundo a preocupação de adequar a União ao respeito do principio da separação de poderes.

Deve, todavia, sublinhar-se, desde já, que a nova tipologia de instrumentos jurídicos não se estende a todos os domínios, como resulta do art. I-39.º, n.º 3, relativamente à PESC[98]. Isto porque, como já se disse[99], o fim da estrutura tripartida da União não implicou a total submissão das matérias anteriormente incluídas nos pilares intergovernamentais a todas as novas normas.

A) Os actos legislativos – são a lei europeia e a lei-quadro europeia.

(i) A lei europeia é um acto legislativo de carácter geral, obrigatório em todos os seus elementos e directamente aplicável em todos os Estados membros (art. 32.º, n.º 1, par. 2). Esta definição aproxima a lei europeia dos actuais regulamentos aprovados no exercício da função legislativa.

(ii) A lei-quadro europeia é um acto legislativo que vincula todos os Estados membros destinatários quanto ao resultado a alcançar, deixando, no entanto, às instâncias nacionais a competência quanto à forma e quanto aos meios (art. 32.º, n.º 1, par. 3). Trata-se de um instrumento jurídico muito próximo da actual directiva.

O art. 33.º procura estabelecer uma relação mais adequada entre os actos da União e o seu procedimento de aprovação, uma vez que os actos legislativos passam a ser adoptados, segundo o processo legislativo ordinário (art. III-302.º), no qual participam os órgãos com funções legislativas e cuja regra de votação é a maioria qualificada e não a unanimidade. Ou seja, o projecto de constituição contribui, neste aspecto, para tornar a União mais democrática, mais transparente, mais coerente e mais consentânea com os princípios que vigoram nos seus Estados membros a este propósito.

B) Os actos não legislativos – são o regulamento europeu, a decisão europeia e as recomendações e os pareceres.

---

[98] Segundo o art. 39.º, o instrumento jurídico da PESC é a decisão europeia aprovada pelo Conselho ou pelo Conselho Europeu.

[99] V. *supra* n.º 12.1.C)

(i) O regulamento europeu fica reservado para os actos não legislativos de carácter geral destinados a dar execução aos actos legislativos e a algumas disposições da constituição, podendo ser obrigatório em todos os seus elementos e directamente aplicável em todos os Estados membros ou vincular os Estados membros quanto ao resultado a alcançar, deixando, no entanto, às instâncias nacionais a competência quanto à escolha dos meios e da forma (art. 32.°, n.° 1, para. 4.°).

O regulamento europeu corresponde, parcialmente, ao actual regulamento de execução e destina-se a dar execução aos actos legislativos, a saber, a lei europeia e a lei-quadro europeia.

(ii) A decisão europeia é um acto não legislativo, obrigatório em todos os seus elementos, o qual quando designa destinatários, só para estes é obrigatório. Tem o seu correspondente na actual decisão.

(iii) As recomendações e os pareceres não têm efeito vinculativo.

Em regra, os actos não legislativos são adoptados pelo Conselho de Ministros e pela Comissão, mas, em casos, especificamente, previstos na constituição, o Conselho Europeu e o Banco Central Europeu também dispõem de competência nesta matéria (art. 34.°, n.° 1).

Do exposto resulta que a nova tipologia dos actos jurídicos não é adequadamente acompanhada de modificações nas funções dos órgãos, que permitam acabar com a confusão, a que já se aludiu, com especial destaque para o Conselho, que acumula a função de legislador com a de detentor da função normativa secundária e ainda da função administrativa, em concorrência com a Comissão.

Não se deve, no entanto, deixar de afirmar que muito, provavelmente, essa aparente confusão mais não é do que um novo modo de relacionamento entre funções, órgãos e actos, próprio de uma entidade como a União Europeia. Ou seja, poderá nunca vir a ser totalmente eliminada.

C) Os regulamentos delegados – a Comissão adquire uma espécie de estatuto de "órgão delegatário oficial", pois as leis e as leis-quadro europeias podem delegar na Comissão o poder de adoptar regulamentos delegados, que completem ou alterem certos elementos não essenciais da lei ou da lei-quadro (art. I-35.°, n.° 1). Contudo, existem limites que devem ser explicitamente impostos pelo acto de delegação e que dizem respeito aos objectivos, ao conteúdo, ao âmbito de aplicação e ao período de vigência. Além disso, existe uma reserva de lei ou de lei-quadro quanto aos elementos essenciais de cada domínio. Os órgãos delegantes são, como é óbvio, os órgãos legislativos da União, ou seja, o Parlamento Europeu e o Conselho de Ministros.

Os regulamentos delegados fazem lembrar as leis de autorização legislativa previstas no art. 165.º, n.º 2, da nossa Constituição.

D) Os actos de execução – a União Europeia não dispõe propriamente de uma Administração Pública em sentido orgânico, repartindo-se as tarefas administrativas entre a Comissão e o Conselho. Isso não significa que não exista uma Administração Pública em sentido funcional, pois, a União dispõe de funções de execução normativa, de execução material e de controlo e supervisão[100].

A execução do Direito da União Europeia tem estado, primordialmente, a cargo das Administrações Públicas nacionais por imperativos políticos da integração europeia e de limitação de recursos humanos e materiais da União.

O projecto de constituição vem precisamente consagrar esta solução, de forma expressa, no seu art. I-36.º, n.º 1, afirmando que os Estados membros adoptam todas as medidas de direito interno necessárias à execução dos actos jurídicos vinculativos da União.

Do ponto de vista orgânico, o projecto de constituição mantém a estrutura bicéfala da Administração Pública da União, uma vez que a Comissão e o Conselho continuam a ser os órgãos que devem aprovar os actos de execução (art. 36.º, n.º 2). Deve realçar-se, no entanto, que, na sequência do que sucede actualmente, a competência genérica de execução pertence à Comissão. O Conselho detém competência administrativa apenas em casos específicos, devidamente justificados e ainda relativamente à PESC[101].

E) A hierarquia dos actos e normas – apesar de o projecto de constituição não conter qualquer regra explícita relativa ao problema da hierarquia, parece-nos que a interpretação das normas, a que se acabou de aludir, nos permite inferir alguns princípios neste domínio.

Em primeiro lugar, deve sublinhar-se que a constituição deverá situar-se no topo da hierarquia interna da União, pois ela é o fundamento, o critério e o limite de todos os actos e normas.

Em segundo lugar, dentro dos actos jurídicos da União, os actos legislativos – lei europeia e lei-quadro europeia – prevalecem sobre os restantes por três ordens de razões:

---

[100] V. LUCIANO PAREJO ALFONSO e. a., *Manual...*, p. 95 e ss; XABIER ARZOZ SANTISTEBAN, *Concepto...*, p. 293 e ss.
[101] V. MARIO CHITI, *Derecho...*, p. 141 e ss; XABIER ARZOZ SANTISTEBAN, *Concepto...*, p. 316 e ss.

- os regulamentos europeus destinam-se a dar execução as leis e as leis-quadro europeias, que naturalmente devem respeitar;
- no caso dos regulamentos delegados são as leis e as leis-quadro que delimitam explicitamente os objectivos, o conteúdo, o âmbito de aplicação e o período de vigência da delegação;
- existe uma reserva de lei e lei-quadro, uma vez que os elementos essenciais de cada domínio lhe estão reservados, encontrando-se excluídos os regulamentos delegados.

Permanecem, todavia, alguns problemas por resolver.

Em primeiro lugar, dentro dos actos legislativos não se encontra, no projecto de constituição, qualquer critério seguro para decidir, em caso de conflito, qual deles deve prevalecer, se a lei europeia ou a lei-quadro europeia.

Em segundo lugar, a posição hierárquica da decisão europeia também não resulta clara deste projecto de constituição. De qualquer modo, uma coisa é certa: sempre que a decisão europeia seja usada em matéria de PESC, em princípio, não conflituará com outros actos normativos ou não normativos, dado que eles não existem.

Em suma, resta ainda muito terreno por desbravar em matéria de hierarquia de normas, o que dará, certamente, lugar a muita discussão no futuro.

16.3. *Disposições específicas*

Relembrando que o carácter unitário da União Europeia não implica a submissão de todas as matérias ao mesmo regime jurídico, explicam-se facilmente as disposições específicas existentes no projecto de constituição a propósito da execução da Política Externa e de Segurança Comum (art. 39.º), da Política de Segurança e Defesa Comum (art. 40.º) e do espaço de liberdade, segurança e justiça (art. 41.º).

Além disso, deve também relembrar-se que a Política Externa e de Segurança abrange todos os domínios da política externa, bem como todas as questões relacionadas com a segurança, incluindo a definição gradual de uma política comum de defesa, tendo, portanto, passado a integrar, expressamente, a Política de Segurança e de Defesa Comum.

Daí que o projecto de constituição tenha consagrado disposições específicas sobre os seguintes domínios:

A) **Política Externa e de Segurança Comum** – Cabe ao Conselho Europeu identificar os interesses estratégicos da União e definir os objectivos da PESC (art. 39.º, n.º 2). O Conselho Europeu e o Conselho limitam-se adoptar as decisões europeias necessárias (art. 39.º, n.º 3), estando excluídas as leis e as leis-quadro europeias (art. 39.º, n.º 7). A execução da PESC compete ao MNE e aos Estados membros (art. 39.º, n.º 4). A regra de decisão no seio do Conselho e do Conselho Europeu é a unanimidade (art. 39.º, n.º 7), embora se admita que o Conselho Europeu pode decidir, por unanimidade, que o Conselho delibere por maioria qualificada (art. 39.º, n.º 8).

B) **Política de Segurança e de Defesa Comum** – faz parte integrante da PESC e garante à União uma capacidade operacional apoiada em meios civis e militares (art. 40.º, n.º 1). O instrumento jurídico da execução da PSDC é a decisão europeia adoptada pelo Conselho de Ministros, por unanimidade.

C) **O espaço de liberdade, segurança e justiça** – é certo que a implementação do espaço de liberdade, segurança e justiça implica a adopção de actos normativos, mas também de medidas operacionais. Assim, para além da lei e da lei-quadro europeia, fazem parte dos seus instrumentos de realização o reconhecimento mútuo das decisões judiciais e extra-judiciais e a cooperação operacional (art. 41.º, n.º 1).

16.4. *A cláusula de solidariedade*

Tendo em conta o espírito de solidariedade que une os Estados membros, o projecto de constituição europeia consagra a cláusula de solidariedade entre a União e os seus Estados (art. 42.º), pela qual a União se compromete a mobilizar todos os instrumentos ao seu dispor, incluindo os meios disponibilizados pelos Estados membros, no caso de um deles ser alvo de um ataque terrorista ou de uma catástrofe de origem natural ou de origem humana.

O art. III-231.º estabelece as regras relativas à execução da cláusula de solidariedade.

16.5. As cooperações reforçadas

Na sequência do Tratado de Amesterdão, que introduziu, pela primeira vez[102], cláusulas de cooperação reforçada[103], as quais estavam sujeitas a condições de aplicação muito rígidas[104], o art. 43.º do projecto de constituição vem estabelecer as condições de exercício das cooperações reforçadas, que obedecem a duas preocupações essenciais. Por um lado, o

---

[102] Não se deve, no entanto, esquecer que a prática das cooperações reforçadas é anterior à sua consagração expressa no TUE. A União Económica e Monetária é um dos exemplos que se pode apontar.

[103] Sobre as cláusulas de cooperação reforçada no Tratado de Amesterdão, ver ERIC PHILIPPART/GEOFFREY EDWARDS, *The Provisions on Closer Co-operation in the Treaty of Amsterdam: The Politics of Flexibility in the European Union*, JCMS, 1999, p. 87 e ss; GIORGIO GAJA, *How Flexible is Flexibility under Amsterdam Treaty?*, CMLR, 1998, p. 855 e ss; HELMUT KORTENBERG, *Closer Cooperation in the Treaty of Amsterdam*, CMLR, 1998, p. 833 e ss; FLORENCE CHALTIEL, *Le Traité d'Amsterdam et la coopération renforcée*, RMCUE, 1998, p. 289 e ss; GILLE DE KERCHOVE D'OUSSELGHEIM, *Un espace de liberté, de sécurité et de justice aux dimensions incertaines. Quelques réflexions sur le recours aux coopérations renforcées en matière de justice et d'affaires intérieures*, in YVES LEJEUNE, Le Traité..., p. 287 e ss; JOSÉ M. DE AREILZA/ALFONSO DASTIS QUECEDO, *Cooperaciones reforzadas en el Tratado de Amsterdam: misión cumplida?*, GJ, 1998, p. 105 e ss; HERVÉ BRIBOSIA, *De la subsidiarité à la coopération renforcée*, in YVES LEJEUNE, Le Traité ..., p. 49 e ss; CHRISTOPH THUN-HOHENSTEIN, *Die Möglichkeit einer "verstärkten Zusammenarbeit" zwischen EU-Mitgliedstaaten – Chancen und Gefahren der "Flexibilität"*, in WALDEMAR HUMMER (Dir.), Die Europäischen..., p. 125 e ss; PHILIP HALL, *Verstärkte Zusammennarbeit – "Flexibilität"*, in JAN BERGMANN e. a. (Dir.), Der Amsterdamer..., p. 331 e ss; BERND MARTENCZUK, *Die differenzierte Integration nach dem Vertrag von Amsterdam*, ZEuS, 1998, p. 460 e ss; JÖRG MONAR, Justice ..., p. 332 e ss; JOSE MARTIN Y PEREZ DE NANCLARES, *La flexibilidad en el Tratado de Amsterdam: especial referencia a la nocion de cooperación reforzada*, Rev. Der. Com. Eur., 1998, p. 205 e ss; CLAUS DIETER EHLERMANN, *Différentiation, flexibilité, coopération renforcée: les nouvelles dispositions du traité d'Amsterdam*, RMUE, 1997, p. 53 e ss; VLAD CONSTANTINESCO, *«Les clauses de coopération renforcée». Le protocole sur l'application des principes de subsidiarité et de proportionnalité*, RTDE, 1997, p. 751 e ss; JOSEF JANNING e. a., *Dynamik in der Zwangsjacke – Flexibilität in der Europäischen Union nach Amsterdam*, Int. 4/97, p. 285 e ss.

[104] Tão rígidas que durante a vigência do Tratado de Amesterdão não se conseguiu criar nenhuma cooperação reforçada. Tal conduziu à revisão das normas relativas às cooperações reforçadas no Tratado de Nice. Sobre este assunto, ver MARIOLA URREA CORRES, *La cooperación reforzada en la Unión Europea – Concepto, naturaleza y régimen jurídico*, Madrid, 2002, p. 89 e ss; STÉPHANIE RODRIGUES, *Le Traité de Nice et les coopérations renforcées au sein de l'Union européenne*, RMCUE, 2001, p. 11 e ss.

aligeiramento da rigidez inicial das condições previstas para o seu exercício e, por outro lado, a extensão a todos os domínios de actuação da União, incluindo a PESC e a defesa[105].

Deve sublinhar-se que estas modificações devem ser enquadradas na conjuntura de alargamento, que actualmente se vive na União, procurando o projecto de constituição criar aos vários níveis os mecanismos necessários que permitam o funcionamento da União a vinte e cinco Estados membros. Um desses mecanismos é, sem dúvida, o das cooperações reforçadas, pois, como é fácil de supor, os avanços de todos, ao mesmo tempo, serão a vinte e cinco mais difíceis de conseguir do que a quinze.

Assim, segundo o art. 43.º *supra* citado, as cooperações reforçadas só podem actuar no âmbito de competências não exclusivas da União, com o objectivo de aprofundar a integração europeia e como último recurso. Além disso, estão abertas a todos os Estados aquando da sua instituição ou posteriormente.

O desenvolvimento destas normas, no projecto de constituição, é realizado nos arts. 322.º a 328.º da Parte III.

De acordo com estes preceitos, as cooperações reforçadas devem respeitar as seguintes condições:

a) observar a constituição e o direito da União;
b) não prejudicar o mercado interno, nem a coesão económica, social e territorial;
c) não constituir uma restrição nem uma discriminação ao comércio entre os Estados membros;
d) não provocar distorções da concorrência;
e) respeitar as competências, direitos e deveres dos Estados membros não participantes, que, por sua vez, não podem dificultar a execução das cooperações reforçadas por parte dos Estados membros.

O processo a seguir para instituir uma cooperação reforçada está previsto no art. III-325.º, existindo regras específicas, no caso de se tratar de matéria relacionada com a política externa e de segurança comum.

O art. III-326.º estabelece o processo de participação numa cooperação reforçadas já instituída por parte dos Estados que nela não participam.

As despesas decorrentes da execução das cooperações reforçadas que, não sejam custos administrativos, ficam, em regra, a cargo dos Esta-

---

[105] Já as modificações dos preceitos relativos às cooperações reforçadas tiveram como pano de fundo estas preocupações.

dos membros que nela participam, salvo deliberação, em sentido contrário, do Conselho, por unanimidade (art. III-327.º).

17. A vida democrática da União

Como já vimos, de acordo com o art. 2.º, um dos valores, nos quais assenta a União, é a democracia, pelo que o projecto de constituição, no Título VI da Parte I, vai explicitar quais os corolários que, em termos de princípios relativos à vida democrática da União, retira desse valor, uma vez que, em tese, a democracia admite várias formas de concretização.

A) O princípio da igualdade – segundo o art. 44.º do projecto, a União deve respeitar o princípio da igualdade dos seus cidadãos em todas as suas actividades. Daqui decorrem consequências, como sejam, a proibição da discriminação em função da nacionalidade (art. 4.º, n.º 2), que já faz parte do acervo comunitário desde a criação das Comunidades ou a igualdade perante a lei reconhecida no art. II-20.º da Carta. Além disso, o TCE permite, desde a revisão de Amesterdão, no art. 13.º[106], ao Conselho, deliberando por unanimidade, sob proposta da Comissão e após consulta ao PE, tomar as medidas necessárias para combater a discriminação em razão do sexo, raça ou origem étnica, religião ou crença, deficiência, idade ou orientação sexual, preceito este que é retomado no art. II-21.º da Carta.

B) O princípio da democracia representativa – em democracia o Poder provém do povo, é exercido pelo povo e para o povo. Por isso, os cidadãos devem eleger os órgãos de decisão política, devem poder participar na adopção das decisões políticas e devem dispor do poder de controlar os governantes. A forma como a participação do povo se vai concretizar pode ser diversa, sem que o valor da democracia seja afectado. O povo tanto pode participar directamente, como através de instituições eleitas periodicamente, as quais devem agir em nome do povo, observando os princípios previamente estabelecidos. Neste último caso, é possível prever, em certas situações – mais ou menos frequentes – que o povo seja directamente ouvido, nomeadamente, através do referendo.

Numa entidade como a União, que, segundo o art. 1.º do projecto, se inspira na vontade dos cidadãos e dos Estados, o princípio da democracia

---

[106] Especificamente sobre o art. 13.º do TCE, ver MARK BELL, *The New Article 13 EC Treaty: A Sound Basis for European Anti-Discrimination Law?*, MJ, 1999, p. 5 e ss.

representativa exige que os vários componentes da União estejam representados nos seus órgãos. Ora, segundo o art. 45.º, n.º 2, os cidadãos da União estão representados no Parlamento, o que é corroborado também pelo art. 19.º, n.º 2, relativo à composição deste órgão, e os Governos dos Estados estão representados no Conselho Europeu e no Conselho de Ministros (arts. 20.º, n.º 2 e 22.º, n.º 2, respectivamente). Os Governos são responsáveis perante os parlamentos nacionais, eleitos pelos seus cidadãos (art. 45.º, n.º 2).

Na verdade, a afirmação do princípio da democracia representativa no ordenamento jurídico da União configura uma inovação mais formal do que substancial, ou seja, as várias alterações introduzidas no quadro institucional nas últimas revisões têm sido no sentido de o respeitar. Deve, contudo, frisar-se que a sua consagração expressa, bem como as consequências que daí se retiram, não são inocentes e vão ter sérias implicações na caracterização do sistema político da União previsto no projecto de constituição.

C) O princípio da democracia participativa – tendo em consideração que uma das principais críticas que se faz ao processo de integração europeia é a do seu distanciamento em relação aos cidadãos e a da falta de participação da sociedade civil, o projecto de constituição europeia faz menção, expressa do princípio da democracia participativa.

Este princípio está associado à ideia da mais ampla participação da sociedade civil e das organizações representativas na construção europeia (art. 46.º). Admite-se mesmo o impulso legiferante por parte dos cidadãos da União, uma vez que o n.º 4 do art. 46.º estabelece que, por iniciativa de, pelo menos, um milhão de cidadãos oriundos de um número significativo de Estados membros, a Comissão pode ser convidada a apresentar as propostas adequadas.

Além disso, o princípio da democracia participativa implica ainda o respeito dos princípios da participação na decisão (art. 36.º, n.º 3), da abertura e da proximidade da decisão aos cidadãos (art. 45.º, n.º 3) e da transparência (art. 46.º, n.º 2 e 3, e 49.º)

D) Os partidos políticos europeus – o projecto de constituição reconhece os partidos políticos ao nível europeu, no art. 45.º, n.º 4, como formas de manifestação da vontade dos cidadãos da União e de contribuírem para a formação de uma consciência política europeia.

E) Os parceiros sociais – o projecto de constituição estabelece que a União reconhece e promove o papel dos parceiros sociais a nível da

União, tendo em conta a diversidade dos sistemas nacionais, facilitando o diálogo entre eles e respeitando a respectiva autonomia (art. 47.º).

F) **O Provedor de Justiça Europeu** – um dos principais órgãos ao serviço dos cidadãos e, portanto, também da democracia, é o Provedor de Justiça Europeu, que mantém as competências que actualmente lhe são atribuídas, a saber, receber as queixas relativas a casos de má administração na actuação das instituições, órgãos e agências da União, bem como proceder a inquéritos e de apresentar relatórios sobre essas queixas (art. 48.º).

G) **Estatuto das igrejas e das organizações não confessionais** – na sequência da declaração n.º 11 anexa ao Tratado de Amesterdão, o art. 51.º, n.º 1, do projecto de constituição prevê, explicitamente, que a União respeita e não afecta o estatuto de que gozam, ao abrigo do direito nacional, as igrejas e as associações ou comunidades religiosas nos Estados membros. A União respeita igualmente o estatuto das organizações filosóficas e não confessionais (art. 51.º, n.º 2).

18. As finanças da União

As normas relativas às finanças da União encontram-se previstas nos arts. 52.º e seguintes da Parte I, nos quais se estabelecem os princípios orçamentais, os recursos da União, o quadro financeiro plurianual e o orçamento da União. O desenvolvimento destas normas é efectuado nos arts. 308.º e seguintes da Parte III.

A) **Os princípios** – o projecto de constituição consagra os princípios da universalidade, da especificação e da discriminação (art. 52.º, n.º 1), do equilíbrio (art. 52.º, n.º 2), da anualidade (art. 52.º, n.º 3), da autorização por acto juridicamente obrigatório (art. 52.º, n.º 4), do cabimento orçamental (art. 52.º, n.º 5), da boa gestão financeira (art. 52.º, n.º 6), do combate à fraude e à ilegalidade (art. 52.º, n.º 7) e da unidade da conta. É ao Tribunal de Contas que incumbe a missão de fiscalizar as contas, ou seja, as despesas e receitas da União. A sua composição, funcionamento e competências encontram-se previstas no art. 30.º da Parte I e nos arts. 290.º e seguintes da Parte III do projecto de constituição.

B) **Os recursos da União** – a Convenção não conseguiu chegar a um consenso muito amplo quanto aos recursos da União, pelo que o art. 53.º se limita a afirmar que a União se dotará dos meios necessários para atingir os seus objectivos e realizar com êxito as suas políticas (n.º 1) e que o orçamento da União será integralmente financiado por recursos próprios (n.º 2). Quanto aos limites dos recursos, na ausência de uma plataforma de entendimento na convenção, protelou-se a decisão para mais tarde, admitindo-se que os mesmos venham a ser estabelecidos por uma lei europeia do Conselho de Ministros, que delibera por unanimidade (n.º 3).

C) O quadro financeiro plurianual – visa garantir que as despesas da União sigam uma evolução ordenada dentro dos limites dos recursos próprios (art. 54.º, n.º 1) e é estabelecido por uma lei europeia (art. 54.º, n.º 2), sendo que o primeiro quadro plurianual, subsequente à entrada em vigor será aprovado pelo Conselho, por unanimidade (art. 54.º, n.º 3).

D) O procedimento orçamental – está previsto no art. III-310.º e a principal novidade neste aspecto é o desaparecimento da distinção entre despesas obrigatórias e não obrigatórias, com o consequente reforço dos poderes do PE.

19. A vizinhança e a qualidade de membro da União

19.1. *A União e os Estados vizinhos*

A União pretende afirmar-se na cena internacional, pelo que o projecto de constituição estabelece as regras de relacionamento entre a União e os Estados vizinhos.

De acordo com o art. 56.º, n.º 1, a União desenvolve relações privilegiadas com os Estados vizinhos, a fim de criar um espaço de prosperidade e de boa vizinhança, fundado nos valores da União e caracterizado por relações estreitas e pacíficas, baseadas na cooperação, podendo celebrar acordos internacionais com os países interessados (art. 56.º, n.º 2).

Esta regra pode parecer, à primeira vista, um pouco redutora, pois refere apenas os Estados vizinhos, quando, actualmente, existem, para além dos Estados, outros sujeitos, como, por exemplo, as organizações internacionais, que assumem uma enorme importância nas relações internacionais. Mas de facto o projecto de constituição não esqueceu essa realidade, e, como tal, vai regular o relacionamento da União com as organizações internacionais na Parte III (art. 229.º).

19.2. A adesão à União

A União continuará, como até aqui, a ser um espaço aberto a novos Estados membros.
O art. 57.º, n.º 1, do projecto de constituição europeia estabelece os requisitos materiais de adesão, que são os seguintes:
– o respeito dos valores enunciados no art. 2.º;
– a localização geográfica na Europa.
O processo de adesão está definido no n.º 2 do preceito, somente diferindo do anterior, no que concerne à necessidade de informação dos pedidos de adesão aos parlamentos nacionais.

19.3. A suspensão dos direitos de membro da União

O art. 58.º do projecto de constituição europeia retoma o art. 7.º do TUE sobre a suspensão dos direitos dos Estados, na redacção que lhe foi dada pelo Tratado de Nice[107], introduzindo-lhe, no entanto, algumas alterações decorrentes da economia geral do projecto. Assim, o acto de constatação do risco manifesto de violação grave dos valores enunciados no art. 2.º passa a ser uma decisão europeia (n.º 1 do art. 58.º) e a verificação da violação grave e persistente por parte de um Estado passa a ser da competência do Conselho Europeu, e não do Conselho reunido ao nível dos Chefes de Estado e de Governo (formação do Conselho que desaparece), como consta do Tratado de Nice (n.º 2 do art. 58.º).

19.4. A saída voluntária da União

O art. 59.º do projecto de constituição confere aos Estados o direito de se retirarem da União Europeia. Estamos, pois, perante a figura do

---

[107] Sobre o art. 7.º do TUE, ver JAVIER LASO PÉREZ, *La intervención democrática en la Unión europea después del asunto austríaco y la reforma del Tratado de Niza*, BEUR, 2001, p. 45 e ss; HELMUT SCHMITT VON SYDOW, *Liberté, démocratie, droits fondamentaux et État de droit: analyse de l'article 7 du traité UE*, RDUE, 2001, p. 285 e ss; FRANZ SCHORKOPF, *Die Massnahmen der XIV EU-Mitgliedstaaten gegen Österreich*, Berlim, 2001, p. 99 e ss; AMARYLLIS VERHOEVEN, *How Democratic Need European Union Members Be? Some Thoughts After Amsterdam*, ELR, 1998, p. 217 e ss.

direito de recesso conhecida do direito dos tratados ou do direito de secessão, constante de algumas constituições federais.

A saída da União não se fará, contudo, *ad nutum*. Será necessária uma negociação prévia entre o Estado que pretende abandonar a União e ela própria, bem como a celebração de um acordo, no qual se estabeleçam as condições de saída e o teor das futuras relações desse Estado com a União.

Deve sublinhar-se que nem os Tratados institutivos das Comunidades Europeias nem o Tratado da União Europeia continham qualquer cláusula explícita de abandono voluntário da União por parte dos Estados membros, o que levou uma parte considerável da doutrina a inclinar-se no sentido de que, do ponto de vista jurídico, não existia direito de recesso[108]. É certo que, na prática, seria quase impossível manter um Estado na União contra a sua vontade, pois, neste caso, a União não dispõe de mecanismos coercitivos de aplicação do Direito.

Em nosso entender, a consagração da saída voluntária da União é contraditória com o desejo de aprofundamento da integração europeia, que parece transparecer das restantes partes do projecto e, para além disso, vai pôr em causa a eficácia do processo de suspensão dos direitos dos Estados, acabado de analisar, como mecanismo sancionatório dos Estados, que não cumprem os valores em que se baseia a União, dado que um Estado que se vê na iminência de ser alvo de um processo desse tipo, dispõe sempre da alternativa de negociar a sua saída voluntária da União.

O Estado que sair não fica, por esse facto, impedido de voltar a aderir à União, uma vez que o próprio art. 59.°, n.° 4, prevê a possibilidade de, caso o Estado queira, voltar a entrar, ainda que tenha de cumprir o processo de adesão, que acabámos de estudar.

Parece-nos que, em vez da saída voluntária da União se deveria antes ter previsto a situação de um ou mais Estados membros não virem a rati-

---

[108] Neste sentido, ver THEODOR SCHILLING, *Treaty and Constitution. A Comparative Analysis of an Uneasy Relationship*, MJ, 1996, p. 62; ULRICH EVERLING, *Zur Stellung...*, p. 1175; JEAN-VICTOR LOUIS, *L'ordre juridique communautaire*, 6.ª ed., Bruxelas, 1993, p. 90; MICHEL WAELBROECK, *Art 240.°...*, in Commentaire MEGRET..., p. 564; ULRICH EVERLING, *Sind EG-Mitgliedstaaten...*, p. 183; J. A. HILL, *The European Economic Community: the Right of Member State Withdrawal*, Ga. J. Int'l & Comp. L., 1982, p. 355, *maxime* p. 357; MANFRED ZULEEG, *Der Bestand der Europäischen Gemeinschaft*, in Das Europa der zweiten Generation, Gedächtnisschrift für CHRISTOPH SASSE, Baden-Baden, 1981, p. 62. V. contra, PETER M. HUBER, *Der Staatenverbund der Europäischen Union*, in JÖRN IPSEN e. a. (Dir.), Verfassungsrecht im Wandel, Colónia, 1995, p. 355.

ficar o Tratado que estabelece o projecto de constituição, o que, tendo em conta a história da integração europeia não pode ser concebido como uma hipótese meramente académica.

Em nosso entender, dever-se-ia ter admitido que se um Estado não ratificasse o projecto num determinado prazo, isso não impediria a sua entrada em vigor. Não faz sentido numa União a vinte e cinco que um só Estado possa impedir vinte e quatro de avançarem para formas mais profundas de integração. Esse Estado ficaria, naturalmente, numa posição privilegiada de relacionamento com a União e poderia voltar a fazer parte dela, integralmente, a todo o tempo.

Como veremos[109], a entrada em vigor do projecto de constituição depende da ratificação de todos os Estados membros (art. IV-8.°), devendo, todavia, referir-se, desde já, que, em declaração à acta final, se admite, numa fórmula, aliás, bastante ambígua que se um ou mais Estados membros depararem com dificuldades na ratificação, o Conselho Europeu analisará a questão.

20. A Carta dos Direitos Fundamentais da União

20.1. *A necessidade de protecção dos direitos fundamentais no seio da União*

A necessidade de protecção dos direitos fundamentais no seio da União surge da susceptibilidade de violação dos direitos da pessoa humana directamente por parte da União e não apenas pelos Estados membros.

Assim, a existência de catálogos de direitos fundamentais em níveis que estão para além dos Estados não pode ser dissociada da emergência de novas formas de agregação do poder político, de que a União Europeia é o exemplo mais acabado.

A incorporação da Carta no projecto de constituição configura-se, portanto, mais do que como uma aspiração, como uma necessidade de proteger o ser humano de eventuais abusos por parte dos órgãos da União. Daí que, segundo o art. II-51.°, os destinatários da Carta são as instituições, os órgãos e as agências da União e não os Estados membros.

---

[109] Ver *infra* n.° 22.5.

Como já se disse, o projecto de constituição europeia incorpora a Carta dos Direitos Fundamentais da União Europeia na Parte II, por remissão do art. 7.º, n.º 1, da Parte I, pelo que há que averiguar quais as consequências que daí decorrem. Antes, contudo, importa realçar que a incorporação na constituição foi conseguida à custa de algumas alterações relevantes ao texto aprovado pela convenção que a elaborou, adoptado em Nice, em 7 de Dezembro de 2000, pelo que há que recapitular o contexto em que a Carta surgiu, bem como o seu conteúdo, pois só assim se entenderá a sua actual redacção.

20.2. Os objectivos da Carta

Segundo o mandato do Conselho Europeu de Colónia, de 3 e 4 de Junho de 1999, o objectivo da Carta era o de tornar visíveis os direitos que já existem, e que fazem parte do património comum dos europeus, e não o de criar direitos novos. Assim, um dos principais objectivos da Carta é a segurança jurídica e a consequente protecção dos cidadãos. Na verdade, à medida que as Comunidades e, actualmente, a União Europeia, vêem alargadas as suas atribuições, torna-se necessário encontrar uma forma de colocar a pessoa humana no centro da construção europeia, dado que ela constitui o seu fim último. Ora, a Carta assume expressamente este objectivo no preâmbulo quando afirma que a União «coloca o ser humano no cerne da sua acção»[110].

20.3. As fontes de inspiração da Carta

As fontes de inspiração da Carta são múltiplas, mas não possuem todas a mesma natureza nem a mesma força jurídica.

No que diz respeito aos direitos civis e políticos, a Carta inspira-se, essencialmente, na Convenção Europeia de Direitos do Homem[111].

---

[110] Sobre os objectivos da Carta, ver GILLES DE KERCHOVE, *L'initiative de la Charte et le processus de son élaboration*, YVES CARLIER/OLIVIER DE SCHUTTER (dir.), La Charte..., p. 29 e ss.

[111] Sobre a Convenção Europeia dos Direitos do Homem em geral, ver, entre muitos outros, IRINEU CABRAL BARRETO, *A Convenção Europeia dos Direitos do Homem*, 2.ª ed.,

Os direitos do cidadão são decalcados do próprio Tratado.

Os direitos sociais têm como fonte a Carta Comunitária de Direitos Sociais Fundamentais dos Trabalhadores de 1989 e a Carta Social Europeia de 1961.

Assim, os direitos civis e políticos vão inspirar-se, portanto, numa convenção internacional, à qual todos os Estados membros da União Europeia estão vinculados, embora alguns deles tenham aposto reservas a certas regras. Esta convenção tem sofrido modificações ao longo dos tempos, no sentido do aumento dos direitos protegidos e da melhoria do sistema de garantia das normas, sendo de realçar, neste domínio, o protocolo n.º 11, relativo à reestruturação do mecanismo de controlo estabelecido na Convenção[112]. Além disso, deve mencionar-se que a Convenção e os seus protocolos foram objecto de interpretação e aplicação pelo Tribunal Europeu dos Direitos do Homem e pela Comissão Europeia dos Direitos do Homem num sentido finalista e actualista[113].

Os direitos do cidadão têm a sua fonte inspiradora no Tratado da União Europeia, que é a primeira fonte do Dircito da União Europeia, o que lhe confere desde logo um carácter proeminente[114].

Coimbra, 1999, p. 19 e ss; LOUIS-EDMOND PETTITI e. a., *La Convention européenne des droits de l'homme. Commentaire article par article*, 2.ª ed., Paris, 1999, p. 125 e ss; JEAN-FRANÇOIS RENUCCI, *Droit européen des droits de l'homme*, Paris, 1999, p. 55 e ss; FREDERIC SUDRE, *Droit international et européen des droits de l'homme*, 4.ª ed., Paris, 1999, p. 143 e ss; Idem, *Droits intangibles et/ou droits fondamentaux: y a-t-il des droits préeminents dans la Convention européenne de droits de l'Homme, in* Liber Amicorum MARC-ANDRE EISSEN, Bruxelas, 1995, p. 381 e ss; J. G. MERRILS, *The Council of Europe: The European Convention on Human Rights, in* RAIJA HANSKI e. a. (org.), An Introduction to the International Protection of Human Rights. A Textbook, Turku/Abo, 1997, p. 221 e ss.

[112] Sobre o Protocolo n.º 11, ver FERNANDO ALVAREZ-OSSORIO MICHEO, *Perfecciones e imperfecciones en el protocolo 11 al Convenio Europeo de Derechos Humanos y otros comentarios a proposito de su entrada en vigor (1-XI-98)*, REDC, 1999, p. 135 e ss; JERZY MAKARCZYK, *Le protocole n.º 11 à la Convention de sauvegarde des droits de l'Homme et des libertés fondamentales: notes de lecture, in* Mélanges en l'honneur de NICOLAS VALTICOS, Paris, 1999, p. 439 e ss.

[113] Sobre a interpretação da Convenção, ver, por todos, OLIVIER JACOT-GUILLARMOD, *Régles, méthodes et principes d'interprétation dans la jurisprudence de la Cour européenne des droits de l'homme, in* LOUIS-EDMOND PETTITI e. a, La Convention..., p. 41 e ss.

[114] Sobre os direitos do cidadão na Carta, ver MARC FALLON, *Les droits fondamentaux liés à la citoyenneté de l'Union européenne, sous les regards croisés du Traité C.E. et de la Charte, in* YVES CARLIER/OLIVIER DE SCHUTTER (dir.), La Charte..., p. 149 e ss; EMMANUELLE BRIBOSIA/OLIVIER DE SCHUTTER, *La Charte des droits fondamentaux de l'Union*

Os direitos sociais, pelo contrário, inspiram-se numa fonte que não tem valor vinculativo – a Carta Comunitária dos Direitos Sociais Fundamentais dos Trabalhadores – e numa convenção do Conselho da Europa, que é objecto de uma aplicação assimétrica pelos vários Estados partes.

Ora, a diferente natureza das fontes de onde provêm os direitos consagrados na Carta não pode deixar de ter consequências no resultado final que se vai obter.

20.4. *As dificuldades de atingir consensos*

Apesar do objectivo minimalista apontado, a saber, o de dar maior visibilidade aos direitos e não o de «inventar» direitos novos, as dificuldades para se chegar a um consenso no seio da convenção que elaborou a Carta foram inúmeras[115]. Isto porque existem tradições constitucionais muito distintas nos diferentes Estados membros quanto à forma de encarar a protecção dos direitos fundamentais, o que vai ter repercussões no seio da União[116].

Ao nível dos direitos civis e políticos, as principais discussões no seio da Convenção ocorreram a propósito da redacção dos preceitos[117], já no que concerne aos direitos sociais, as divergências se afiguraram mais profundas, pois começaram por incidir logo sobre a questão prévia de saber se deveriam ou não obter consagração expressa e *qua tale* na Carta[118].

---

européenne, JT, 2001, p. 99 e ss; DENYS SIMON, *Les droits du citoyen de l'Union*, RUDH, 2000, p. 22 e ss.

[115] Sobre as discussões no seio da Convenção, ver STEPHAN GRIGOLLI, *The Current Discussion on the EU Charter of Fundamental Rights*, The European Legal Forum, 2000, p. 2 e ss; ANTÓNIO VITORINO, *La Charte...*, p. 499 e ss; TIM EICKE, *The European Charter of Fundamental Rights Unique Opportunity or Unwelcome Distraction*, EHRLR, 2000, p. 280 e ss; RICARDO ALONSO GARCIA, *La carta de los derechos fundamentales de la Unión Europea*, GJ, 2000, p. 7 e ss.

[116] Sobre as tradições constitucionais dos Estados membros da União Europeia em matéria de direitos fundamentais, ver, por todos, CONSTANCE GREWE/HÉLÈNE RUIZ FABRI, *Droits constitutionnels européens*, Paris, 1995, p. 140 e ss.

[117] Sobre os direitos civis e políticos na Carta, ver CLEMENS LADENBURGER, *L'apport de la Charte dans le domaine des droits civils et politiques*, in YVES CARLIER/OLIVIER DE SCHUTTER (dir.), La Charte..., p. 105 e ss; EMMANUELLE BRIBOSIA/OLIVIER DE SCHUTTER, *La Charte...*, p. 84 e ss; PATRICK WACHSMAN, *Droits civils et politiques*, RUDH, 2000, p. 15 e ss.

[118] Sobre as dificuldades de inserção dos direitos sociais na Carta, ver ANA MARIA GUERRA MARTINS, *A Carta...*, p. 213 e ss; OLIVER DE SCHUTTER, *La contribution de la*

Na verdade, as fontes de inspiração dos direitos sociais são menos vinculativas do que as fontes dos direitos civis e políticos e dos direitos do cidadão: a Carta Comunitária de Direitos Fundamentais Sociais dos Trabalhadores de 1989 não é de todo vinculativa e a Carta Social Europeia de 1961 tem sido objecto de aplicação, em obediência ao princípio da geometria variável.

Além disso, os direitos nacionais também apresentam divergências muito acentuadas, no domínio dos direitos sociais. Com efeito, existem sistemas constitucionais, que se podem designar como minimalistas, como, por exemplo, o do Reino Unido, da Irlanda, da Áustria, da Alemanha e da Dinamarca, enquanto outros se podem considerar maximalistas, como o da França, da Espanha ou de Portugal. Numa zona intermédia situam-se a Bélgica, o Luxemburgo, a Grécia, a Suécia e a Finlândia.

Deve ainda acrescentar-se que os Estados membros também não comungam dos mesmos princípios em matéria de política social. As próprias atribuições da União Europeia nesta matéria são, de um modo geral, complementares ou subsidiárias em relação às atribuições dos Estados. Como a Europa comunitária nasce sob o signo do mercado, foi deixada uma grande margem de manobra aos Estados membros, no domínio da protecção dos direitos sociais. Na óptica do direito comunitário apenas interessava que esses direitos não constituíssem entraves nem à liberdade de circulação de pessoas nem à livre concorrência.

Apesar de todas estas divergências, a Carta acabou por incluir os direitos sociais[119], mas, muito provavelmente, isso só se verificou, porque ficou claro, desde os primeiros meses da sua negociação que não adquiriria, pelos menos, naquela época, um estatuto jurídico vinculativo.

Charte des droits fondamentaux de l'Union européenne à la garantie des droits sociaux dans l'ordre juridique communautaire, RUDH, 2000, p. 41 e ss; JACQUELINE DUTHEIL DE LA ROCHÈRE, *La Charte*..., p. 676 e ss.

[119] Sobre os direitos sociais consagrados na Carta, ver OLIVIER DE SCHUTTER, *La garantie des droits et principes sociaux dans la Charte des droits fondamentaux de l'Union européenne*, in YVES CARLIER/OLIVIER DE SCHUTTER (dir.), La Charte..., p. 117 e ss; EMMANUELLE BRIBOSIA/OLIVIER DE SCHUTTER, *La Charte*..., p. 91 e ss; ANA MARIA GUERRA MARTINS, *A Carta*..., p. 217 e ss; LORD GOLDSCHMITH Q.C., *A Charter of Rights, Freedoms and Principles*, CMLR, 2001, p. 1212 e ss; FLORENCE BENOÎT-ROHMER, *La Charte des droits fondamentaux de l'Union européenne*, Rec. Dalloz, 2001, p. 1485 e ss; OLIVER DE SCHUTTER, *La contribution*..., p. 41 e ss; JACQUELINE DUTHEIL DE LA ROCHÈRE, *La Charte*..., p. 676 e ss.

Esta situação altera-se, radicalmente, quando a Carta é incorporada na constituição, adquirindo, desse modo, carácter vinculativo.

20.5. A incorporação da Carta no projecto de constituição

Muitos foram os que defenderam a incorporação da Carta numa futura constituição europeia[120]. Já o mesmo consenso não se verificou quanto à forma como deveria ser efectuada essa operação[121].

A solução que acabou por ficar consagrada no projecto de constituição foi a da inclusão da totalidade da Carta numa parte autónoma – a Parte II –, com todas as vantagens e desvantagens que isso implica.

A principal vantagem é, sem dúvida, a manutenção do seu equilíbrio intrínseco. Trata-se de um texto que foi negociado no seu conjunto e que, por isso, tem uma determinada coerência, que se poderia perder se fosse incorporado parcelarmente.

Contudo, esta vantagem não parece conseguir compensar as desvantagens que decorrem da inserção de todo o texto da Carta no projecto de constituição, sem as adaptações sistemáticas necessárias, para evitar duplicações de matérias e contradições.

Como exemplo de duplicação pode-se citar o facto de a Parte II abrir com um preâmbulo, duplicando o que já existe na Parte I da própria constituição e nem sempre em sentido coincidente. Enquanto o preâmbulo da constituição faz referência aos cidadãos e aos Estados, o preâmbulo da

---

[120] V. KOEN LENAERTS/MARLIES DESORMER, *Bricks for a Constitutional Treaty of the European Union: Values, Objectives and Means*, ELR, 2002, p. 379 e ss; ANA MARIA GUERRA MARTINS, *A revisão do Tratado...*, p. 186; JEAN-PAUL JACQUÉ, *La Charte des droits fondamentaux de l'Union européenne – aspects juridiques généraux*, REDP/ERPL, 2002, p. 119 e ss; P. CRAIG, *The Community Rights and the Charter*, REDP/ERPL, 2002, p. 221 e ss; J. DUTHEIL DE LA ROCHÈRE, *Les droits fondamentaux reconnus par la Charte et leurs applications*, REDP/ERPL, 2002, p. 234 et suiv; FLORENCE BENOÎT-ROHMER, *La Charte...*, p. 1492; JUAN ANTONIO CARRILLO SALCEDO, *Notas...*, p. 7 e ss; LORD GOLDSMITH Q. C., *A Charter...*, p. 1214 e ss; MELCHIOR WATHELET, *La Charte...*, p. 589.

Para uma visão muito céptica, ver J.H.H. WEILER, *A Constitution for Europe? Some Hard Choices*, JCMS, 2002, p. 574 e ss.

[121] Sobre as diferentes possibilidades de incorporação da Carta, ver, por todos, GRÁINNE DE BÚRCA, *Fundamental Rights and Citizenship, in* BRUNO DE WITTE (Ed.), Ten Reflections..., p. 14 e ss.

Carta abre com a expressão «os povos da Europa», sem fazer qualquer menção aos Estados.

A duplicação volta a ocorrer a propósito de alguns direitos enunciados na Parte I da constituição. Assim, os direitos de cidadania, como, por exemplo, os direitos de eleger e ser eleito para o Parlamento Europeu e para as eleições municipais aparecem mencionados no art. 8.° da Parte I e são, em seguida, retomados nos arts. 39.° e 40.° da Parte II. O mesmo se passa com o direito de protecção diplomática e consular, que também é referido no art. 8.° da Parte I e depois é retomado no art. 46.° da Parte II.

Mas mais graves são os casos em que, além da repetição, existe divergência entre a redacção da Carta e a do restante texto constitucional. É o caso, por exemplo, das normas respeitantes à protecção de dados pessoais – arts. 50.° da Parte I e 8.° da Parte II – que têm uma redacção ligeiramente distinta, o que conduzirá, decerto, a divergências de interpretação, que seriam facilmente evitáveis, se não se verificasse esta duplicação de tratamento.

Assim, do ponto de vista técnico-jurídico, a incorporação da totalidade da Carta, sem as correspondentes adaptações, trouxe alguns problemas adicionais.

20.6. *O conteúdo da Carta*

A Carta começa com um preâmbulo seguido de seis capítulos.

O capítulo I intitula-se dignidade. Parte-se da inviolabilidade da dignidade do ser humano (art. 1.°) e nele se consagram os direitos à vida (art. 2.°), à integridade física (art. 3.°), a proibição da tortura e dos tratos ou penas desumanos ou degradantes (art. 4.°) e a proibição da escravatura e do trabalho forçado (art. 5.°).

Trata-se de direitos reconhecidos na CEDH e em outros instrumentos internacionais de que os Estados são partes, como, por exemplo, no Pacto de Direitos Civis e Políticos das Nações Unidas. Verifica-se em relação a estes direitos um amplo consenso.

O capítulo II refere-se às liberdades, estando nele incluídos direitos tão díspares, como o direito à liberdade e à segurança (art. 6.°), o respeito da vida privada e familiar (art. 7.°), a protecção de dados pessoais (art. 8.°), o direito de contrair casamento e de constituir família (art. 9.°), a liberdade de pensamento, de consciência e religião (art. 10.º), a liberdade de expressão e de informação (art. 11.º), a liberdade de reunião e de associação (art. 12.º), a liberdade das artes e das ciências (art. 13.º), o direito à educação (art. 14.º), a liberdade profissional e o direito ao trabalho (art. 15.º), a liberdade de empresa (art. 16.º), o direito de propriedade (art. 17.º), o direito de asilo (art. 18.º) e a protecção em caso de afastamento, expulsão ou extradição (art. 19.º).

O capítulo III diz respeito à igualdade e consagra o princípio da igualdade perante a lei (art. 20.º), o princípio da não discriminação (art. 21.º), o respeito da diversidade cultural, religiosa e linguística (art. 22.º), a igualdade entre homens e mulheres (art. 23.º), os direitos das crianças (art. 24.º), os direitos das pessoas idosas (art. 25.º) e a integração das pessoas com deficiências (art. 26.º).

O capítulo IV tem por título solidariedade e inclui o direito à informação e à consulta dos trabalhadores na empresa (art. 27.º), o direito de negociação e de acção colectiva (art. 28.º), o direito de acesso aos serviços de emprego (art. 29.º), a protecção em caso de despedimento sem justa causa (art. 30.º), condições de trabalho justas e equitativas (art. 31.º), a proibição do trabalho infantil e protecção dos jovens no trabalho (art. 32.º), a protecção da vida familiar e vida profissional (art. 33.º), o direito à segurança social e à assistência social (art. 34.º), a protecção da saúde (art. 35.º), o acesso a serviços de interesse económico geral (art. 36.º), a protecção do ambiente (art. 37.º) e a defesa do consumidor (art. 38.º).

É neste capítulo que estão consagrados a maior parte dos direitos sociais, embora também se consagrem alguns dos chamados direitos de terceira geração, como é o caso do direito ao ambiente ou da protecção dos consumidores.

O capítulo V respeita à cidadania e abrange o direito de eleger e ser eleito nas eleições para o Parlamento Europeu (art. 39.º) e nas eleições municipais (art. 40.º), o direito a uma boa administração (art. 41.º), o direito de acesso aos documentos (art. 42.º), o direito de petição ao Provedor de Justiça (art. 43.º) e ao Parlamento Europeu (art. 44.º), a liberdade de circulação e de permanência (art. 45.º) e a protecção diplomática e consular (art. 46.º).

O capítulo VI relaciona-se com a justiça e inclui o direito a acção judicial efectiva e a julgamento imparcial (art. 47.º), a presunção da inocência e os direitos de defesa do arguido (art. 48.º), os princípios da legalidade e da proporcionalidade dos delitos e das penas (art. 49.º) e o direito a não ser julgado ou punido penalmente mais do que uma vez pelo mesmo delito (art. 50.º).

20.7. As modificações do texto da Carta na Convenção sobre o futuro da Europa

As divergências entre o texto elaborado pela Convenção e o que acabou por ser incorporado na constituição manifestam-se, fundamentalmente, no preâmbulo e nas disposições gerais.

Assim, em primeiro lugar, o preâmbulo insere uma referência às anotações elaboradas sob a responsabilidade do *Presidium* da convenção que redigiu a Carta, erigindo-as em elementos de interpretação para os órgãos jurisdicionais da União e dos Estados membros, quando isso não foi sequer equacionado pela convenção que elaborou a Carta[122].

Em segundo lugar, o preâmbulo anuncia uma distinção entre direitos, liberdades e princípios, que não estava prevista na versão original da Carta. Essa distinção é retomada nas disposições gerais que regem a interpretação e a aplicação da Carta, designadamente, o art. II-52.º. A distinção entre direitos, liberdades e princípios implica a subtracção destes últimos ao regime jurídico aplicável aos direitos e às liberdades, especialmente no que toca à sua invocabilidade em tribunal (n.º 5 do art. II-52.º).

20.8. A Carta como standard mínimo

Deve ainda sublinhar-se que a Carta dos Direitos Fundamentais da União Europeia representa um standard mínimo de protecção no quadro da União Europeia, abaixo do qual os Estados não podem descer, como resulta do art. II-52.º, n.º 3.

Mas já é totalmente admissível que os Estados membros consagrem níveis de protecção mais elevados, nomeadamente, nas suas constituições nacionais, o que significa que os Estados podem, portanto, fixar catálogos

---

[122] A Presidência italiana apresentou, no Conclave de Nápoles, uma proposta no sentido incluir no preâmbulo da Carta uma referência à actualização dessas anotações da responsabilidade da Convenção Europeia, bem como a proposta de inclusão de uma declaração na acta final no mesmo sentido. Ver CONV. 52/03 ADD 1, p. 6.

de direitos fundamentais mais amplos e mais protectores. A Carta nunca porá em causa as disposições constitucionais neste domínio.

Nesta perspectiva, a Carta consagra o consenso dos Estados quanto a um elenco relativamente amplo de direitos, que vão desde os direitos civis e políticos aos direitos económicos, sociais e culturais.

21. As políticas e o funcionamento da União

A Parte III contém 342 artigos, que dizem respeito às políticas e ao funcionamento da União. Trata-se de normas que se destinam a desenvolver e implementar as disposições da Parte I. Em certos casos, estas normas são idênticas às suas correspondentes no Tratado CE, não apresentando, portanto, qualquer inovação, para além da diferente sistematização, noutros casos são normas inovadoras.

21.1. *As cláusulas de aplicação geral*

A Parte III inicia-se com seis artigos intitulados cláusulas de aplicação geral, em que se colocam sob o mesmo título normas que já existem no TCE, mas estão dispersas.

A) O princípio da coerência – o art. III-1.º afirma o princípio da coerência entre as diferentes políticas e acções, tendo em conta os objectivos da União definidos no art. 3.º e reafirma o princípio da competência de atribuição previsto no art. 9.º, n.º 1.

B) O princípio da igualdade – o art. III-2.º estabelece implicitamente um princípio geral de igualdade, uma vez que afirma que a União tem por objectivo eliminar as desigualdades. Não se especifica que tipo de desigualdades estão abrangidas, pelo que se devem poder incluir as desigualdades económicas e sociais. Em seguida, o preceito refere, especificamente, a igualdade entre homens e mulheres, na sequência do art. II-23.º da Carta.

C) O princípio da não discriminação – o art. III-3.º consagra, mais uma vez, o princípio da não discriminação, que também é afirmado no art. II-21.º da Carta. Como já vimos, este princípio faz parte do acervo da União.

D) Os princípios da integração da protecção do ambiente e da defesa do consumidores nas outras políticas e acções da Comunidade
– o princípio da integração do ambiente está consagrado no art. III-4.º, mas já faz parte do direito originário desde o Tratado de Amesterdão (art. 6.º TCE), assim como o princípio da integração da defesa dos consumidores (art. 153.º, n.º 2 TCE), que se encontra no art. III-5.º.

E) Os serviços de interesse económico geral – estão consagrados no art. III-6.º e também aparecem mencionados no art. II-36.º da Carta.

21.2. A não discriminação e a cidadania

Os preceitos constantes do Título II relativo à não discriminação e cidadania estão bastante próximos dos seus correspondentes no Tratado da CE (arts. 17.º e seguintes), com as adaptações resultantes da modificação dos instrumentos jurídicos da União, a saber, a substituição das referências ao regulamento e à directiva pela referência à lei e à lei-quadro.

Assim, mantém-se a exigência da unanimidade no seio do Conselho, no que diz respeito à aprovação de medidas para combater a discriminação em função dos critérios enunciados no art. III-3.º, e exclui-se a possibilidade de harmonização de disposições legislativas e regulamentares neste domínio.

O projecto de constituição europeia mantém também o processo de mera consulta ao Parlamento Europeu, nos aspectos mais sensíveis da cidadania, como, por exemplo, as medidas relativas aos passaportes, aos bilhetes de identidade, às autorizações de residência ou qualquer outro documento equiparado, bem como as respeitantes à segurança social ou à protecção social (art. III-9.º, n.º 2), as regras de exercício do direito de eleger e ser eleito nas eleições municipais e nas eleições para o Parlamento Europeu (art. III-10.º, n.º 1).

Além disso, o alargamento dos direitos do cidadão europeu continua a depender de uma deliberação unânime do Conselho, exigindo-se a aprovação do Parlamento Europeu e a aprovação pelos Estados membros, de acordo com as suas regras constitucionais, o que, de resto, se verifica desde o Tratado de Maastricht.

21.3. As políticas e as acções internas

O Título III debruça-se sobre as políticas e as acções internas da União, retomando, em muitas normas, o preceituado, anteriormente, consagrado no Tratado CE. Naturalmente que se verificou a necessidade de inserir algumas adaptações, designadamente, em matéria de actos e de órgãos, decorrentes de modificações operadas noutras partes do projecto de constituição.

A) O mercado interno – O capítulo I debruça-se sobre o mercado interno. A definição do mercado interno consta do art. III-14.º, n.º 2, e é idêntica à actual, exceptuando a remissão, que agora se faz para a constituição e não para o tratado, como até aqui. Além disso, o projecto de constituição procede a uma rearrumação das normas referentes ao mercado interno, começando por fazer referência às liberdades de circulação de pessoas e de serviços (arts. III- 18.º a III-35.º) e só depois trata das liberdades de circulação de mercadorias (arts. III-36.º a III-44.º), de capitais e de pagamentos (arts. III-45.º a III-49.º), ao contrário do que sucedia na versão inicial do TCE, que mencionava, em primeiro lugar, a liberdade de circulação de mercadorias[123]. Ora, esta alteração sistemática não é por acaso. Pelo contrário, ela está em consonância com a evolução que a União tem vindo a sofrer, sobretudo, desde o Tratado de Maastricht, no sentido da sua «humanização». Se se quer conferir ao ser humano um papel central na construção europeia, então há que retirar daí todas as consequências, não colocando, por exemplo, a liberdade de circulação de mercadorias antes da liberdade de circulação de pessoas.

Em seguida, o projecto de constituição inclui as regras de concorrência (arts. III-50.º e seguintes), que, no essencial, não se afastam das regras anteriores neste domínio.

O projecto mantém a regra da unanimidade na votação no seio do Conselho em matéria fiscal (art. III-62.º) e em sede de aproximação de legislações que não tenham por objecto o estabelecimento e o funcionamento do mercado interno (art. III-64.º), bem como o processo de consulta ao Parlamento Europeu.

B) As políticas – são enumeradas nos arts. III-69.º e seguintes do projecto de constituição, os quais mantêm, genericamente, as soluções consagradas no Tratado da Comunidade Europeia.

---

[123] Tal compreende-se se tivermos em conta que o objectivo primordial da Comunidade era meramente económico.

Num trabalho, cujo principal objectivo é chamar a atenção para as inovações do projecto de constituição europeia e para as consequências que elas encerram, não faria sentido tratar, desenvolvidamente, matérias que se mantêm estáveis há já algum tempo, pelo que nos limitaremos a algumas breves referências, remetendo o seu estudo para a doutrina da especialidade, que mantém toda a actualidade[124].

No capítulo II, o projecto de constituição autonomiza, a política económica e monetária (arts. III-69.º a 96.º), cujas regras foram, pela primeira vez, introduzidas no Tratado da União Europeia, aquando da revisão de Maastricht[125].

Do ponto de vista substancial, não se assinalam alterações de relevo, procedendo-se apenas ao expurgo de normas que, entretanto, caducaram. Além disso, introduzem-se normas específicas para os Estados membros que fazem parte da zona euro.

As normas relativas à política monetária têm de ser lidas em consonância com a norma respeitante ao Banco Central Europeu contida na Parte I, a saber, o art. 28.º.

Seguidamente, no capítulo III, enunciam-se, sob o título políticas noutros domínios específicos, a política de emprego (arts. III-97.º e seguintes), a política social (arts. III-103.º e seguintes), a coesão económica, social e territorial (arts. III-116.º e seguintes), a política de agricultura e de pescas (arts. 121.º e segs.), a política de ambiente (arts. III-129.º

---

[124] Ver, por todos, MANUEL CARLOS LOPES PORTO, *Teoria...*, p. 269 e ss.

[125] Sobre a união económica e monetária no Tratado de Maastricht, ver, entre outros, PAULO DE PITTA E CUNHA, *Some Reflections on Monetary Union and Fiscal Federalism*, RFDUL, 1997, p. 365 e ss; *Idem, A União Económica e Monetária e as perspectivas da integração europeia*, in AAVV, A União Europeia, Coimbra, 1994, p. 7 e ss; MANUEL PORTO, *A União Monetária e os processos de convergência*, in AAVV, A União..., p. 99 e ss; CARLOS LARANJEIRO, *Os passos da União Económica e Monetária*, in AAVV, A União..., p. 17 e ss; PAULO DE PITTA E CUNHA, *A União Europeia e suas implicações*, in AAVV, A União..., p. 45 e ss; MANUEL PORTO, *A dimensão espacial da União Monetária*, in AAVV, A União..., p. 61 e ss; JEAN-VICTOR LOUIS, *L'Union économique et monétaire*, in Commentaire MEGRET. Le droit de la CEE, vol. 6, 2.ª ed., Bruxelas, 1995, p. 1 e ss; D. R. R. DUNNETT, *Legal and Institutional Issues Affecting Economic and Monetary Union*, DAVID O'KEEFFE e. a., Legal..., p. 135 e ss; HORST UNGERER, *European Monetary Union: Chances – Risks – Alternatives*, in JOERG MONAR e. a., The Maastricht..., p. 153 e ss; MANUEL CONTHE, *La Union Economica y Monetaria: la larga genesis de un tratado*, GJ, 1992, p. 101 e ss; JEAN-VICTOR LOUIS, *L'Union Economique et Monétaire*, CDE, 1992, p. 251 e ss.

e seguintes), a defesa dos consumidores (art. III-132.º), a política de transportes (art. III-133.º e seguintes), as redes transeuropeias (arts. III-144.º e seguintes), a política de investigação e desenvolvimento tecnológico e espaço (arts. III-146.º e seguintes) e a política de energia (art. III-137.º).

Deve sublinhar-se que, com excepção da política de emprego[126], se trata de domínios que, de acordo com a enumeração efectuada no art. 13.º da Parte I, se inserem na competência partilhada da União com os Estados membros.

O capítulo IV incide sobre o espaço de liberdade, segurança e justiça. O desaparecimento da estrutura tripartida da União possibilita colocar no mesmo capítulo todas as normas relativas ao espaço de liberdade, segurança e justiça. Assim, o capítulo IV contém normas sobre as políticas relativas aos controlos nas fronteiras, ao asilo e à imigração, que, actualmente, fazem parte do pilar comunitário[127], a par de normas relativas à cooperação judiciária em matéria civil e em matéria penal e à cooperação policial[128].

Deve, todavia, sublinhar-se que os mecanismos de decisão divergem, consoante a matéria que esteja em causa, o que é um resquício da actual estrutura em pilares[129]. Além disso, a jurisdição do TJ, como resulta do art. III-283.º, não é extensiva à verificação da validade ou da proporcionalidade de operações efectuadas pelos serviços de polícia ou outros serviços de execução das leis nos Estados-membros, nem para decidir sobre o exercício das responsabilidades que incumbem aos Estados membros em matéria de manutenção da ordem pública e de garantia da segurança interna, desde que estes actos sejam regidos pelo Direito interno[130].

O capítulo V implementa o art. 16.º da Parte I, abrangendo os domínios em que a União pode decidir conduzir uma acção de coordenação, de

---

[126] Segundo o art. 14.º, n.º 3, a União coordena as políticas dos Estados membros em matéria de política de emprego.

[127] Arts. 61.º e seguintes do TCE.

[128] V. arts. 29.º e seguintes do TUE.

[129] Como afirmou BRUNO DE WITTE, a estrutura em pilares e a fusão dos tratados eram duas questões independentes que podiam obter respostas diferentes. *In Simplification and Reorganizaion of the European Treaties,* CMLR, 2002, p. 1269.

[130] Sobre as actuais particularidades da jurisdição do TJ, no que diz respeito às matérias do espaço de liberdade, segurança e justiça, ver FAUSTO DE QUADROS/ANA MARIA GUERRA MARTINS, *Contencioso comunitário,* Coimbra, 2002, p. 95 e ss e p. 154 e ss; ANA MARIA GUERRA MARTINS, *A natureza...,* p. 192 e ss, bem como toda a bibliografia em ambos citada.

complemento ou de apoio. São eles a saúde pública (art. III-179.º), a indústria (art. III-180.º), a cultura (art. III-181.º) a educação, a formação profissional, a juventude e o desporto (arts. III-182.º e 183.º), a protecção civil (art. III-184.º) e a cooperação administrativa (art. III-185.º).

21.4. *A acção externa da União*

O Título V aglutina as normas relacionadas com assuntos externos, que antes se encontravam dispersas entre o pilar comunitário e o segundo pilar, com o intuito de lhes conferir uma maior unidade e uma maior coerência. Aliás, a procura da unidade e da coerência da política externa não é um objectivo novo. Tentou-se atingir, sem sucesso, no Tratado de Amesterdão[131].

A) Disposições de aplicação geral – o projecto de constituição inicia o título relativo à acção externa da União com duas disposições de aplicação geral, que pretendem conferir unidade a todas as normas.

Na sequência da afirmação dos valores da União, no art. 2.º da Parte I, o art. III-193.º, n.º 1, enuncia os princípios, nos quais assenta a acção da União na cena internacional, a saber, os princípios da democracia, do Estado de direito, da universalidade e da indivisibilidade dos direitos humanos e das liberdades fundamentais, do respeito da dignidade da pessoa humana, da igualdade e da solidariedade e do respeito do Direito Internacional, em conformidade com os princípios da Carta das Nações Unidas.

O n.º 3 do mesmo preceito aponta expressamente no sentido da coerência das diversas acções levadas a cabo no âmbito da acção externa.

O art. III-194.º, n.º 1, indica que o principal órgão competente em matéria de acção externa é o Conselho Europeu, que decide, por unanimidade, e a fonte primordial do Direito é a decisão europeia.

Em matéria de iniciativa, o art. III-194.º, n.º 2, distingue entre a Política Externa e de Segurança Comum, na qual a iniciativa pertence ao

---

[131] Sobre a maior coerência e a unidade da União, bem como a maior uniformidade do seu Direito, após o Tratado de Amesterdão, ver STEFAN KANDELBACH, *Einheit der Rechtsordnung als Verfassungsprinzip der Europäischen Union?*, in ARMIN VON BOGDANDY (Dir.), Konsolidierung..., p. 51 e ss; PETER-CHRISTIAN MÜLLER-GRAFF, *Einheit und Kohärenz der Vertragsziele von EG und EU*, in ARMIN VON BOGDANDY (Dir.), Konsolidierung ..., p. 67 e ss.

Ministro dos Negócios Estrangeiros e os restantes domínios da acção externa, em que o órgão da iniciativa é a Comissão.

B) Política Externa e de Segurança Comum – as normas específicas relativas à Política Externa e de Segurança Comum estão previstas nos arts. III-195.º a III-209.º do projecto de constituição.

Na impossibilidade de obter consensos no sentido da consagração de uma verdadeira política comum, neste domínio, o projecto de constituição limita-se a exigir aos Estados que apoiem activamente e sem reservas a PESC, num espírito de lealdade e de solidariedade mútua (art. III-195.º, n.º 2).

A principal inovação, neste aspecto, é, como já se viu[132], a figura do Ministro dos Negócios Estrangeiros, que tem amplas competências em matéria de PESC, incluindo a de representação da União (art. III-197.º, n.º 2). Para o coadjuvar é criado um Serviço Europeu para a Acção Externa, que trabalha em colaboração com os serviços diplomáticos dos Estados membros (art. III- 197.º, n.º 3). Além disso, o Ministro dos Negócios Estrangeiros pode propor ao Conselho de Ministros a nomeação de um Representante Especial, a quem será confiado um mandato relativo a questões políticas específicas. Esse representante será nomeado pelo Conselho de Ministros, mas exercerá o seu mandato sob a autoridade do Ministro dos Negócios Estrangeiros (art. III-203.º).

As regras de votação das decisões europeias no âmbito da PESC estão previstas no art. III-201.º. Em regra, o Conselho de Ministros vota, por unanimidade, sendo que as abstenções não impedem a tomada de decisão (n.º 1). A excepção é a votação por maioria qualificada e os casos em que ela é permitida estão previstas no n.º 2 do preceito. Mantém-se a possibilidade de um Estado se opor à adopção de uma decisão, por maioria qualificada, com fundamento em razões vitais e expressas de política nacional (n.º 2, par. 2, do art. III-201.º).

Para além das decisões previstas no n.º 2 do art. III-201.º, outras poderão vir a ser aprovadas, por maioria qualificada, mas, para isso, será necessária uma decisão do Conselho Europeu, por unanimidade (n.º 3 do art. 201.º). Todavia, a maioria qualificada nunca será aplicável às decisões que tenham implicações militares ou de defesa (n.º 4 do mesmo preceito).

A PESC continua, portanto, a ser dominada pelos Estados ou pelos órgãos que os representam. A prova disso está na fraca participação do

---

[132] V. *supra* n.º 15.5.

Parlamento Europeu nesta matéria. Efectivamente, este órgão limita-se a ser consultado sobre os principais aspectos e as opções fundamentais e é regulamente informado pelo Ministro dos Negócios Estrangeiros sobre a evolução da PESC (art. III-205.°, n.° 1). Além disso, o PE pode dirigir perguntas ou apresentar recomendações ao Conselho de Ministros e ao Ministro dos Negócios Estrangeiros (n.° 2 do art. III-205).

Os arts. III-210.° a 214.° regulam a capacidade operacional e as missões da União no âmbito da Política Comum de Segurança e Defesa. O órgão responsável por essas missões é o Conselho de Ministros.

Deve sublinhar-se que o art. III-211.°, n.° 1, permite a criação da Agência Europeia de Armamento, Investigação e Capacidades Militares, sob autoridade do Conselho de Ministros.

A PESC é, em regra, financiada pelo orçamento da União, tanto no que diz respeito às despesas administrativas como às despesas operacionais (art. III-215.°, n.°s 1 e 2, 1ª parte), com excepção das despesas decorrentes de operações que tenham implicações militares e nos casos em que o Conselho de Ministros decida diferentemente (art. III-215.°, n.° 2, 2ª parte).

Para finalizar importa referir que a generalidade dos actos e normas adoptados com fundamento na Política Externa e de Segurança Comum continuam subtraídos à jurisdição do TJ, como o demonstra o art. III-282.°, n.° 1. Admite-se, no entanto, o recurso de anulação das medidas restritivas contra pessoas singulares ou colectivas adoptadas com base no art. III-193.°, acima mencionado.

C) Política comercial comum – os arts. III-216.° e III-217.° regulam a política comercial da União, que é considerada desde a criação das Comunidades como uma política comum. As normas do projecto de constituição não diferem muito das suas congéneres do Tratado da Comunidade Europeia[133], mantendo-se inclusivamente a deliberação, por unanimidade, no seio do Conselho, quando estiverem em causa acordos no domínio do comércio de serviços, que impliquem deslocações de pessoas e dos aspectos comerciais da propriedade intelectual (art. III-217.°, n.° 4, par. 1) e acordos no domínio do comércio de serviços culturais e audiovisuais, sempre que estes sejam susceptíveis de afectar a diversidade cultural e linguística da União (art. III-217.°, n.° 4, par. 2.°).

---

[133] V. Art. 133.° do TCE.

D) Cooperação com os países terceiros e ajuda humanitária – o projecto de constituição institui as bases jurídicas da cooperação para o desenvolvimento (art. III-218.º a 220.º), da cooperação económica, financeira e técnica com países terceiros (arts. III-221.º e 222.º) e da ajuda humanitária (art. III-223.º). Trata-se de áreas em que a política da União e as políticas dos Estados se completam e se reforçam mutuamente.

E) Acordos internacionais – como já se disse, a consagração da personalidade jurídica da União, no art. 6.º da Parte I, tem como consequência a atribuição à União dos direitos e prerrogativas da subjectividade internacional, nos quais se inclui a capacidade para celebrar acordos internacionais.

O art. III-225.º, n.º 1, corroborando a jurisprudência do TJ nesta matéria[134], afirma a capacidade internacional da União para celebrar acordos internacionais, quer expressa quer implícita. Ou seja, a União tem capacidade para celebrar tratados internacionais quando a constituição expressamente o preveja ou quando, implicitamente, a celebração do acordo seja necessária para atingir um dos objectivos previstos na constituição no âmbito das políticas da União.

Os acordos vinculam a União e os Estados membros (art. III-225.º, n.º 2).

Os acordos de associação estão previstos no art. III-226.º.

O procedimento de conclusão dos acordos internacionais está definido no art. III-227.º do projecto, não diferindo, substancialmente, do consagrado no art. 300.º TCE. Tal como em relação a muitos outros pontos do projecto de constituição, inseriram-se algumas adaptações em função da nova tipologia de instrumentos jurídicos e da participação do Ministro dos Negócios Estrangeiros.

Além disso, na sequência da consagração expressa da base jurídica para aderir à CEDH, no art. 7.º, n.º 2, da Parte I, existem regras específicas sobre a adesão, a qual implicará a aprovação obrigatória do Parlamento Europeia e decisões unânimes do Conselho de Ministros.

---

[134] V., entre outros, ac. de 31/3/71, *AETR*, proc. 22/70, Rec. 1971, p. 273 e ss; ac. de 14/7/76, *Kramer*, proc. 3, 4 e 6/76, Rec. 1976, p. 1309; parecer 1/76, de 26/4/1977, Rec. 1977, p. 741 e ss; parecer 2/91, de 19/3/93, Rec. 1993, p. I-1061 e ss; parecer 1/92, de 10/4/92, Rec. 1992, p. I-2821 e ss; parecer 1/94, de 24/3/95, Rec. 1995, p. I-525 e ss; parecer 2/94, de 15/4/94, Rec. 1994, p. I-5276 e ss.

O art. III-228.° prevê um procedimento específico para os acordos em matéria monetária e cambial.

F) Relações da União com as organizações internacionais e os países terceiros e delegações da União – a subjectividade internacional da União implica a sua capacidade para participar em organizações internacionais, bem como o direito de legação activo e passivo.

O art. III-229.° prevê o estabelecimento de formas úteis de cooperação com a ONU, o Conselho da Europa, a OECS e a OCDE (n.° 1), assim como ligações com outras organizações que considere oportunas (n.° 2).

O art. III-230.° prevê o direito de legação activo, ou seja, a possibilidade de estabelecimento de delegações da União em países terceiros e organizações internacionais que assegurem a representação diplomática da União.

21.5. O funcionamento da União

O projecto de constituição europeia consagra as disposições institucionais nos arts. III-232.° a 307.°. Estas normas desenvolvem as normas da Parte I, já analisadas, relativas ao quadro institucional da União, limitando-se, na maior parte dos casos, a consolidar o regime jurídico actualmente em vigor, com as necessárias adaptações. Mais raros são os casos em que se introduziram regimes jurídicos completamente inovadores.

A) Parlamento Europeu – os arts. III-232.° a 243.° completam o art. 19.° da Parte I, prevendo a composição, o funcionamento e os poderes do Parlamento Europeu. De um modo geral, estas normas limitam-se a consagrar o regime jurídico já em vigor, com a particularidade de a composição do Parlamento durante a legislatura de 2004/2009 estar definida no Protocolo relativo à Representação dos Cidadãos no Parlamento, que mantém as regras acordadas em Nice.

B) Conselho Europeu – deve realçar-se, de novo, que o projecto de constituição consagra, definitivamente, o Conselho Europeu como órgão principal da União e como órgão autónomo do Conselho de Ministros. O art. III-244.° estabelece algumas regras de funcionamento do Conselho Europeu. Assim, o preceito prevê a possibilidade de um membro do Conselho Europeu se poder fazer representar na votação, por delegação, estabelece que a abstenção não equivale a veto, no caso das votações que exigem a unanimidade (n.° 1) e constitucionaliza uma prática já existente, qual seja a de audição do Presidente do Parlamento Europeu (n.° 2).

C) Conselho de Ministros – como já vimos[135], a principal inovação em matéria de Conselho de Ministros diz respeito à sua presidência. Assim, enquanto o Conselho de Ministros dos Negócios Estrangeiros é, segundo o projecto, presidido pelo Ministro dos Negócios Estrangeiros, as restantes formações do Conselho serão presididas, de acordo com um sistema de rotação a fixar por uma decisão europeia do Conselho Europeu por unanimidade (art. III-245.º, n.º 2).

As restantes regras relativas ao Conselho de Ministros (art. III-245.º, n.º 1 e III-246.º a 249.º) limitam-se a retomar normas que já fazem parte do TUE ou dão dignidade constitucional a normas que se encontram dispersas em legislação avulsa.

D) Comissão – encontra-se regulada nos arts. III-250.º e seguintes. Neles se estabelece, num sentido muito próximo do actual, a duração do mandato (5 anos), quem pode ser comissário (nacionais dos Estados membros), as incompatibilidades e a independência dos comissários, as causas de cessação do mandato, a regra de votação, a competência para elaborar o seu regulamento interno e obrigatoriedade de publicação de um relatório anual de actividades. A principal inovação consta do art. III-254.º relativo à distribuição de pelouros pelo Presidente e à sua alteração, que surge na sequência do reforço dos poderes do Presidente.

E) Tribunal de Justiça – o projecto de constituição não introduz alterações de relevo no domínio do Tribunal de Justiça[136], o que parece razoável, se tivermos em conta que o Tratado de Nice, que acabou de entrar em vigor, procedeu a uma reforma jurisdicional de fundo, que ainda não foi testada na prática.

Todavia, deve sublinhar-se que se assistiu, na sequência do que tem vindo a ser reclamado, há muito, pela doutrina[137], a um reforço das garantias dos particulares, uma vez que se flexibilizaram as suas condições de

---

[135] Ver *supra* n.º 15.4 e 15.5.

[136] A alteração mais significativa encontra-se no art. III-262.º e consiste na instituição de um comité com o objectivo de dar parecer sobre a adequação dos candidatos ao exercício das funções de juiz ou de advogado-geral do Tribunal de Justiça Europeu e do Tribunal de Grande Instância, antes da decisão dos governos

[137] Ver, entre outros, D. WAELBROEK/A.-M. VERHEYDEN, *Les conditions de recevabilité des recours en annulation des particuliers contre les actes normatifs communautaires*, CDE, 1995, p. 403 e ss; G. VANDERSANDEN, *Pour un élargissement du droit des particuliers d'agir en annulation contre des actes autres que les décisions qui leur sont adressées*, CDE, 1995, p. 545 e ss. Contra, ver, por exemplo, PAUL NIHOUL *La recevabilité des recours*

acesso ao recurso de anulação. As pessoas singulares ou colectivas passam a poder recorrer, não só contra actos de que sejam destinatárias ou que lhe digam directa e individualmente respeito, como até aqui, mas também contra os actos regulamentares que lhe digam directamente respeito e que não incluam medidas de execução (art. III-270.°, n.° 4). Além disso, admite-se o recurso de anulação das medidas restritivas contra pessoas singulares ou colectivas adoptadas com base no art. III-193.°.

Os actos que criem os órgãos e agências da União podem prever condições e modalidades específicas relativas às acções propostas por pessoas singulares e colectivas contra actos desses órgãos ou agências destinados a produzir efeitos jurídicos (art. III-270.°, n.° 5). Ou seja, esses actos podem flexibilizar ainda mais as condições de recurso de anulação dos particulares.

Esta abertura do recurso de anulação aos particulares vai ter repercussões no domínio da acção por omissão, dado que as condições de acesso dos particulares nesta acção têm sido decalcadas do recurso de anulação.

F) Órgãos consultivos – encontram-se mencionados no art. 31.° da Parte I e nos arts. 292.° e seguintes da Parte III. São eles o Comité das Regiões e o Comité Económico e Social. Deve referir-se que o Comité das Regiões vê os seus poderes reforçados, adquirindo até o estatuto de recorrente semi-privilegiado, ao lado do Banco Central Europeu e do Tribunal de Contas, ou seja, passará a ter legitimidade para interpor recurso de anulação junto do Tribunal de Justiça, em condições limitadas (art. III-270.°, n.° 3).

G) Disposições comuns às instituições, órgãos e agências da União – o projecto de constituição estabelece as regras relativas ao procedimento de decisão no seio dos órgãos da União (art. III-302.°), assim como o princípio da administração europeia aberta, eficaz e independente (art. III-304.°), o princípio da transparência e do acesso do público aos documentos (art. III-305.°).

As regras relativas ao processo legislativo ordinário estão previstas no art. 302.°, assemelhando-se às regras do processo de co-decisão actual, pelo que não vamos analisá-las em pormenor.

---

en annulation introduits par un particulier à l'encontre d'un acte communautaire générale, RTDE, 1994, p. 186 e ss.

22. As disposições gerais e finais

22.1. Os símbolos

O projecto de constituição europeia define os símbolos da União, no art. IV-1.°.

A bandeira é constituída por um círculo de doze estrelas douradas sobre fundo azul. O hino da União é baseado no Hino à Alegria da Nona Sinfonia de Beethoven. O lema da União é: Unida na diversidade. A moeda da União é o euro. O dia 9 de Maio é o Dia da Europa.

22.2. A revogação dos tratados anteriores

O projecto de constituição europeia destina-se a substituir os tratados anteriores, ou seja, os Tratados das Comunidades Europeias e o Tratado da União Europeia, bem como todos os Tratados que os completaram ou alteraram, pelo que, quando entrar em vigor estes Tratados serão revogados (art. IV-2.°).

A revogação dos tratados, com o consequente desaparecimento das Comunidades e da União Europeia, nos moldes em que estão concebidas actualmente, coloca problemas de sucessão, que são solucionados no art. IV-3.°.

A sucessão é um instituto jurídico bem conhecido do Direito Internacional, tendo sido, primeiramente, aplicável ao Estado, enquanto sujeito de Direito Internacional[138], e, mais recentemente, estendeu-se às organizações internacionais[139]. Efectivamente, a prática demonstra que nem os Estados nem as organizações internacionais se mantêm, ao longo da vida, totalmente estáveis. Pelo contrário, podem sofrer vicissitudes de vária ordem, de que são exemplos a secessão, a fusão ou o desaparecimento.

---

[138] Sobre a sucessão de Estados, ver BRIGITTE STERN, *La succession d'États*, Recueil des Cours, 1996, tomo 262, Haia, 2000, p. 117 e ss; ANNIE GRUBER, *Droit international de la sucession d'États*, Bruxelas, 1986, p. 27 e ss; ZIDANE MÉRIBOUTE, *La codification de la sucéssion d'États aux traités – décolonisation, sécession, unification*, Paris, 1984, p. 19 e ss; ANDRÉ GONÇALVES PEREIRA, *La sucéssion d'États en matière de traités*, Paris, 1969, p. 3 e ss.

[139] Neste sentido, ver, por todos, MANUEL DIEZ VELASCO, *Las Organizaciones internacionales*, 12.ª ed., Madrid, 2002, p. 61 e ss.

Essas vicissitudes colocam problemas jurídicos complexos de transmissão de direitos e deveres, que são resolvidos por acordos específicos entre os sucessores e os sucedidos ou através da aplicação de normas supletivas constantes de convenções internacionais universais aprovadas sob a égide das Nações Unidas[140].

Apesar de a União não ser um Estado nem uma organização internacional, o instituto da sucessão também se lhe aplica, como, claramente, resulta do art. IV-3.º.

22.3. A continuidade jurídica

Com efeito, o art. IV-3.º, n.º 1, do projecto de constituição prevê a sucessão da União Europeia em relação às Comunidades e à antiga União, que abrange os direitos e obrigações, quer resultem de actos internos das Comunidades ou da União, quer de acordos internacionais. A União sucede em todos os direitos e obrigações, incluindo os créditos e as dívidas, assim como os arquivos.

Os actos de direito derivado aprovados pelas Comunidades e pela União permanecem em vigor, nas condições previstas no protocolo anexo ao Tratado que estabelece a constituição.

O projecto de constituição afirma, explicitamente, que a jurisprudência do Tribunal de Justiça não é posta em causa como fonte de interpretação do direito da União.

Trata-se, pois, de uma solução de continuidade e não de ruptura constitucional.

22.4. O processo de revisão

O processo de revisão está previsto no art. IV-7.º. Este preceito introduz, no processo de revisão, as seguintes alterações:
– o Parlamento Europeu passa a ter competência para apresentar projectos de revisão, mantendo a sua competência consultiva quanto à convocação da CIG;

---

[140] V. Convenção de Viena sobre sucessão de Estados em matéria de tratados de 1978.

- os projectos de revisão devem ser notificados aos parlamentos nacionais dos Estados membros;
- o Conselho Europeu tem poderes para tomar a decisão favorável à análise das propostas de revisão e o seu Presidente pode convocar uma convenção;
- a convocação formal da conferência intergovernamental continua a ser da competência do Presidente do Conselho de Ministros;
- em regra, deve convocar-se uma convenção europeia, só assim não será, nos casos em que o alcance das modificações a introduzir não o justifique.

Deve sublinhar-se que as alterações ao Tratado continuam a ser aprovadas pela conferência intergovernamental e só entram em vigor depois de ratificadas por todos os Estados membros.

O art. IV-7.º, n.º 4, acrescenta, no entanto, que, se decorridos dois anos e meio a contar da data da assinatura do Tratado que altera o Tratado que institui a constituição, quatro quintos dos Estados membros o tiverem ratificado e um ou mais Estados tiverem deparado com dificuldades em proceder à ratificação, o Conselho Europeu analisará a questão. Trata-se de uma norma com alguma ambiguidade, pois não se esclarece qual é o objectivo da análise por parte do Conselho Europeu, nem se, eventualmente, as modificações poderão entrar em vigor sem o acordo de todos os Estados.

Como já afirmámos anteriormente, teria sido preferível admitir que os Estados que não quisessem ratificar poderiam ficar de fora.

De qualquer forma, as modificações introduzidas no processo de revisão procuram dar resposta às críticas, que têm vindo a ser feitas ao actual processo de revisão. Uma dessas críticas incide precisamente sobre o seu défice democrático. Neste contexto, o projecto de constituição procura assegurar uma maior participação dos cidadãos, através da participação dos parlamentos nacionais e da convenção, durante todo o processo e não apenas a fase final da ratificação, como sucede actualmente.

22.5. *A adopção, a ratificação e a entrada em vigor do Tratado que estabelece a constituição*

Segundo o art. IV-8.º a entrada em vigor do Tratado que estabelece a constituição depende da ratificação de todos os Estados membros, de acordo com as suas regras constitucionais e só entrará em vigor depois de ter sido ratificado por todos os Estados membros.

Como acabámos de ver, mantém-se a regra da unanimidade para a adopção das modificações na conferência intergovernamental, bem como a necessidade de ratificação de todos os Estados para o Tratado entrar em vigor. Daqui decorre que, tal como sempre aconteceu no Direito das Comunidades e da União Europeia, um só Estado pode impedir a entrada em vigor de qualquer revisão, o que, aliás, já esteve em riscos de se verificar mais do que uma vez na história da integração europeia.

Não vingaram, portanto, as propostas de diferenciação de tratamento entre normas fundamentais e normas técnicas, com a consequente exigência de unanimidade apenas para as primeiras e, muito menos, se admitiu a aplicabilidade da regra da maioria qualificada, ainda que muito ampla.

Deve, no entanto, mencionar-se que o projecto de constituição contém uma declaração anexa à acta final, que diz o seguinte: «se, decorridos dois anos a contar da data da assinatura do Tratado que estabelece a constituição, quatro quintos dos Estados-Membros o tiverem ratificado e um ou mais Estados-Membros tiverem deparado com dificuldades em proceder a essa ratificação, o Conselho Europeu analisará a questão».

O conteúdo desta declaração levanta-nos as mesmas dúvidas que o texto idêntico constante do art. IV-7.°, n.° 4, relativo ao processo de revisão, ou seja, trata-se de uma regra muito ambígua, que não esclarece nem os objectivos nem os efeitos da análise do Conselho Europeu.

Do ponto de vista formal, o facto de esta regra constar de uma declaração e não do texto do art. IV-8.° significa que não tem valor jurídico vinculativo, valendo apenas como um mero processo de intenções. Aliás, mesmo que não existisse esta declaração, o Conselho Europeu poderia sempre analisar a questão, o que significa que a declaração não confere qualquer competência adicional ao Conselho Europeu.

22.6. *As línguas*

O projecto de constituição é redigido nas línguas de todos os Estados membros da União (art. IV-10.°), inclusivamente nas línguas dos futuros Estados membros, cuja adesão começará a produzir efeitos a partir de 1 de Maio de 2004.

O projecto de constituição mantém, portanto, a regra da igualdade das línguas de todos os Estados membros, retirando argumentos a todos aqueles que viram nele um passo no sentido da diluição das línguas dos Estados mais pequenos, com a consequente perda de identidade desses Estados.

Pelo contrário, a preocupação com a salvaguarda das línguas neste projecto é uma constante, que se reflecte nas múltiplas referências que lhe são feitas. Assim, um dos objectivos da União é o respeito da riqueza da sua diversidade cultural e linguística (art. 3.º, n.º 3, último par.), o que tem como consequência a consagração do direito conferido ao cidadão de se dirigir às instituições da União numa das línguas da constituição, devendo obter uma resposta nessa mesma língua (art. 8.º, n.º 2, último par. e art. II-22.º da Carta).

22.7. *Outras normas*

As soluções consagradas quanto ao âmbito de aplicação territorial da constituição (art. IV-4.º), às uniões regionais (art. IV-5.º), aos efeitos dos protocolos (art. IV-6.º) e ao período de vigência (art. IV-9.º) são idênticas às adoptadas no Tratado da União Europeia, pelo que não nos vamos aqui debruçar sobre elas.

CAPÍTULO IV

PERSPECTIVAS DE EVOLUÇÃO

23. As principais dificuldades de aprovação do projecto de Constituição na CIG

Chegados a este ponto, não é demais sublinhar o carácter preparatório do projecto de constituição europeia elaborado pela Convenção sobre o futuro da Europa. Tal como o próprio nome indica, o texto elaborado pela convenção é um projecto que se destina a servir como base de trabalho à CIG. Não se trata, portanto, de um documento final, que os Estados se vão limitar a aprovar ou rejeitar em bloco, sem possibilidade de alteração. Pelo contrário, é à CIG que compete tomar a decisão nesta matéria. Como tal, tudo está em discussão.

Todavia, convém ter presente que o consenso que se gerou na convenção já foi produto de árduas negociações e o resultado atingido foi o possível dentro de uma panóplia muito vasta de hipóteses, mais ou menos antagónicas ou divergentes. Não se deve esquecer que os Estados têm disso consciência, pelo que é natural que pugnem pela manutenção de alguns dos equilíbrios conseguidos na convenção.

Com efeito, as soluções aí encontradas podem não ser as melhores em termos absolutos, mas são as possíveis, no estádio actual de evolução da União Europeia e, em muitos casos, são melhores em termos relativos, ou seja, quando comparadas com as actuais.

Dito isto, convém chamar a atenção para os aspectos que parecem levantar mais celeuma, sendo de antever que ainda vão ser objecto de alteração na CIG. Antes, porém, convém deixar claro que, ao contrário do que sucedeu com os trabalhos da convenção que foram publicitados no servidor Europa, a fase actual de negociação na CIG encontra-se envolta no secretismo próprio das negociações internacionais, pelo que qualquer juízo de prognose se arrisca a não ser confirmado no futuro próximo.

Os últimos desenvolvimentos conhecidos consubstanciam-se na apresentação dos resultados dos trabalhos do grupo de peritos jurídicos[141] nomeado pela Presidência, e numa proposta de modificação de alguns artigos do projecto de constituição apresentada pela Presidência italiana e destinada a ser discutida no Conclave Ministerial de Nápoles[142]. Esta proposta foi aguardada com muita expectativa, mas, tanto quanto transpareceu para a opinião pública, não se avançou muito em termos de negociação, o que se compreende, se pensarmos que as questões que agora estão em cima da mesa são extremamente difíceis de gerar consensos entre os Estados.

Da análise da proposta italiana parece resultar que os pontos que dividem os Estados são menos do que aqueles em relação aos quais já existe um consenso relativamente alargado.

Mas, como se disse, as divergências estão longe de se situar em aspectos pontuais ou de somenos importância. Pelo contrário, incidem sobre questões de importância vital em termos de distribuição do Poder dentro da União.

Assim, os principais pontos, em que continua a não existir acordo entre os Estados, são os seguintes:
– as regras de apuramento da maioria qualificada;
– a composição da Comissão;
– as formações do Conselho de Ministros e carácter público do Conselho Legislativo;
– a figura do Ministro dos Negócios Estrangeiros;
– algumas questões relacionadas com a defesa e a segurança.

Antes de mais, deve notar-se que a proposta da presidência italiana foi bastante discreta, e até modesta, uma vez que em relação à maior parte destes assuntos não apresenta qualquer solução concreta, limitando-se a constatar a divergência dos Estados membros.

Assim, começando pela definição da votação por maioria qualificada, a Presidência limitou-se a registar que um grande número de delegações concorda com o projecto de constituição sobre este ponto,

---

[141] V. CIG 50/03 e CIG 51/03 de 25 de Novembro de 2003, publicitados no sítio da CIG no servidor da Europa.

[142] Ver CIG 52/03, de 25 de Novembro de 2003, publicitado no sítio da CIG no servidor da Europa.

enquanto existem alguns Estados[143], para os quais a redacção actual não é viável. A Presidência não apresentou, portanto, qualquer proposta de solução para o problema.

Em relação à composição da Comissão, a Presidência limita-se também a constatar que existe uma maioria muito significativa de Estados que defende a regra um Estado – um comissário e um comissário – um voto, não apresentando propostas concretas de alteração. Todavia, como já se mencionou, a Presidência sugere que se mantenha a figura dos comissários «sem direito a voto», com uma maior participação nos trabalhos da Comissão, designadamente, através da atribuição pelo Presidente da Comissão de *dossiers* importantes, que impliquem responsabilidades reais.

Pelo contrário, a Presidência italiana apresentou uma proposta de alteração ao art. I-23.º do projecto de constituição, que diz respeito às formações do Conselho de Ministros, mantendo a filosofia das diferentes formações do Conselho, mas apenas teriam menção expressa no projecto a formação do Conselho dos Negócios Estrangeiros, que continuaria a ser presidido pelo MNE, e a do Conselho de Assuntos Gerais. As restantes formações do Conselho seriam objecto de uma decisão, por maioria qualificada, do Conselho Europeu (novo n.º 4). Desaparece, portanto, a referência ao Conselho Legislativo, embora se mantenha o carácter público das sessões do Conselho, em que este vote um projecto de acto legislativo (n.º 5).

A Presidência italiana apresentou ainda algumas propostas de clarificação quanto ao Ministro dos Negócios Estrangeiros, com o objectivo de procurar eliminar as preocupações de algumas delegações nacionais relacionadas com o seu «duplo chapéu».

Assim, esclarece-se que o MNE receberá instruções, enquanto membro da Comissão, quando actue na qualidade de mandatário do Conselho de Ministros para a PESC (aditamento ao art. I-25.º, n.º 4) e que, no caso da aprovação de uma moção de censura à Comissão por parte do PE, o MNE também se deve demitir, mas somente das funções que exerce na Comissão (n.º 5 do art. I-25.º).

Em matéria de defesa, a Presidência propôs um mecanismo de cooperação estruturada permanente, através da alteração dos arts. I-40.º, n.º 6,

---

[143] Esses Estados são, em particular, a Espanha e a Polónia, que com as actuais regras perdem peso em relação a Nice e, sobretudo, perdem a minoria de bloqueio. Deve realçar-se que a definição da maioria qualificada também é desfavorável aos Estados médios e pequenos, com menos população, como Portugal.

e III-213.°. Além disso, no que toca à «defesa mútua», prevista no art. I-40, n.° 7, inclui um aditamento, no sentido de que esta cláusula não prejudicará os compromissos no âmbito da NATO, procurando, deste modo, responder aos Estados que levantaram objecções a este propósito.

Quanto ao problema da manutenção da regra da unanimidade em relação a algumas matérias, designadamente, a fiscalidade e a PESC, tão caras a certos Estados, como, por exemplo, o Reino Unido, a Presidência italiana não é muito apaziguadora, pois até propõe o alargamento da votação por maioria qualificada em relação a alguns desses domínios, como é o caso da PESC (v. alteração ao art. III-201, n.° 2). Em relação a outras matérias, a Presidência usa a chamada técnica *passarele* ou ponte, que consiste na decisão por unanimidade de passagem à votação por maioria qualificada (v., por exemplo, em sede de fiscalidade, o art. III-62.°, n.° 2).

Além disso, propõe-se mesmo a criação de um processo de passagem da unanimidade para a maioria qualificada no art. IV-7.°A, bem como um processo simplificado de revisão, quando estão em causa as políticas internas da União.

Segundo o art. IV-7.°B, a revisão, neste caso, não poderia ter por efeito aumentar as competências da União e seria objecto de aprovação pelo Conselho Europeu, por maioria qualificada. Posteriormente, é necessária a aprovação das alterações pelos Estados membros, de acordo com as sua regras constitucionais.

O documento da Presidência italiana contém ainda referência a outros aspectos igualmente importantes. De entre eles destacam-se:

– Preâmbulo – não se apresentou nenhuma proposta acerca da questão, que tem vindo a dividir várias delegações, qual seja a da herança cristã da Europa, mas promete-se fazê-lo mais tarde, com referência também ao princípio da laicidade.

– Valores da União – a Presidência propõe que se altere o art. 2.°, no sentido de nele incluir a protecção das minorias e a igualdade entre homens e mulheres.

– Primado do direito da União – com o objectivo de esclarecer eventuais dúvidas quanto a este assunto, a Presidência propõe a inclusão de uma declaração, na qual se afirme que o disposto no art. 10.°, n.° 1, reflecte a jurisprudência do Tribunal de Justiça.

– Permite-se o controlo jurisdicional dos actos do Conselho Europeu, que se destinem a produzir efeitos jurídicos em relação a terceiros (arts. III-270.° e III-272.°).

Capítulo IV – Perspectivas de evolução

- Finanças, orçamento e política económica e monetária – a Presidência constata que existem ainda muitas reticências quanto a estas disposições.
- Espaço de liberdade, segurança e justiça – as modificações propostas têm, essencialmente, em vista a salvaguarda dos princípios fundamentais dos sistemas jurídicos nacionais.
- Outras políticas – deve salientar-se a inserção de um preceito novo na Parte III, relativamente ao turismo, tal como tem vindo a defender a delegação portuguesa.
- Adesão da União à CEDH – como já referimos, a presidência propõe a substituição de «procurará aderir» por «aderirá» no art. I-7.º, n.º 2.

Em suma, a menos de quinze dias da suposta reunião final da CIG, o consenso ainda está muito longe de ser atingido.

24. As possíveis dificuldades de ratificação

24.1. Os eventuais referendos

Deve sublinhar-se que as eventuais dificuldades de afirmação do projecto de constituição europeia não terminarão com a sua aprovação pela CIG, uma vez que, segundo as regras de revisão constantes do Tratado, o projecto, para entrar em vigor, necessitará de ratificação em todos os Estados membros, de acordo com as regras constitucionais de cada um deles.

Essa ratificação vai depender, em muitos Estados, de processos de referendo a nível interno, pois as suas constituições assim o exigem. Por outro lado, Estados há em que o referendo não é constitucionalmente obrigatório, mas que pretendem utilizá-lo, como forma de conferir maior legitimação democrática ao projecto.

Ora, nos casos em que se submeter o projecto de constituição a referendo corre-se um sério risco, qual seja o de o referendo vir a ter um resultado negativo, o que inviabilizará, de acordo com o direito constitucional de muitos Estados, a ratificação do Tratado por parte desse Estado.

A situação não será nova, pois já se verificou com outras revisões anteriores, como foi o caso do Tratado de Maastricht, que quase foi inviabilizado pelo referendo negativo dinamarquês ou, mais recentemente, com o Tratado de Nice, que se arriscou a não entrar em vigor, devido ao referendo negativo irlandês.

Pergunta-se: perante este risco – que não é ficção – valerá a pena submeter o projecto de constituição a referendo nos Estados em que essa exigência não está consagrada na Constituição, como é o caso de Portugal?

Em nosso entender, a resposta a esta pergunta só pode ser positiva pelas seguintes razões:

- A União Europeia, como o projecto de constituição afirma no art. 1.º, inspira-se na vontade dos cidadãos e dos Estados, ou seja, possui uma base de legitimidade dual. Ora, essa base de legitimidade dual deve aplicar-se, não só após a entrada em vigor da constituição, mas também à própria elaboração da mesma.
- Daqui decorre que, não só os Estados, mas também os cidadãos devem poder expressar a sua vontade relativamente às decisões a tomar em matéria de destino comum europeu.
- Ora, o projecto de constituição implica alterações, que se aplicam directamente aos cidadãos da União, pelo que vão ter repercussões na sua vida diária. Ora, em democracia essas alterações devem ser por eles aceites e legitimadas.
- Essa legitimação democrática pode ser efectuada quer de forma directa ou imediata, através do referendo, quer de forma indirecta e mediata, através das decisões tomadas nos *fora* adequados pelos seus representantes eleitos.
- Deve, todavia, ter-se presente que, em democracia, quanto mais próxima a decisão estiver dos cidadãos, maior é a sua base de legitimidade.
- Ora, o referendo permite essa expressão de vontade dos cidadãos, de modo directo ou imediato e, portanto, mais próximo dos cidadãos.

Em nosso entender, o projecto de constituição deve, pois, ser referendado em Portugal. Esse referendo, ao contrário do que alguns já defenderam, não pressupõe qualquer revisão constitucional prévia. A nossa constituição, após a revisão constitucional de 1997 admite no art. 115.º, n.º 5, a submissão a referendo das questões de relevante interesse nacional que devam ser objecto de convenção internacional.

A marcação da data do referendo deve ser independente da marcação da data de quaisquer eleições, incluindo as eleições para o Parlamento Europeu, pois o objectivo da campanha do referendo é esclarecer os cidadãos quanto ao projecto de constituição, não devendo ser chamada à colação qualquer outra questão, que possa causar perplexidade ou alguma confusão no espírito dos eleitores.

Ora, a única forma de manter o referendo à margem da influência de quaisquer outros problemas nacionais ou internacionais é efectuá-lo autonomamente.

24.2. As eventuais incompatibilidades com as constituições nacionais

Um outro factor que pode causar dificuldades de ratificação em alguns Estados membros é a eventual incompatibilidade do projecto de constituição europeia com algumas normas constitucionais nacionais.

Caso se verifique alguma dúvida, neste domínio, os Estados, para evitarem situações de conflitos de normas, podem proceder à revisão das suas constituições num momento anterior à ratificação, eliminando, por essa via qualquer possibilidade de surgimento de futuros conflitos. Não se tratará, aliás, de uma situação nova, dado que, tanto o Tratado de Maastricht[144]

---

[144] Os problemas de constitucionalidade que o Tratado de Maastricht colocou em vários Estados membros, bem como a necessidade de revisão de algumas constituições (em França, em Portugal, na Alemanha, na Irlanda e em Espanha) suscitaram um debate muito interessante. Na **doutrina alemã**, veja-se CARL OTTO LENZ, *Maastricht und das Grundgesetz*, Festschrift für HERBERT HELMIRCH, Munique, 1994, p. 269 e ss; ULRICH EVERLING, *Überlegungen zur Struktur der Europäischen Union zum neuen Europa-Artikel des Grundgesetzes*, DVBl. 1993, p. 936 e ss; DIETRICH MURSWIEK, *Maastricht und der Pouvoir Constituant – zur Bedeutung der verfassunggebenden Gewalt im Prozess der europäischen Integration*, Der Staat, 1993, p. 161 e ss; PETER LERCHE, *Europäische Staatlichkeit und die Identität des Grundgesetzes*, Festschrift für KONRAD REDEKER, Munique, 1993, p. 131 e ss; CLAUS DIETER CLASSEN, *Maastricht und die Verfassung: kritische Bemerkungen zum neuen "Europa-Artikel" 23 GG*, ZRP, 1993, p. 57 e ss; FRITZ OSSENBÜHL, *Maastricht und das Grundgesetz – eine verfassungsrechtliche Wende?*, DVBl., 1993, p. 629 e ss; STEFAN ULRICH PIEPER, *Quo vadis Grundgesetz? – Gedanken zur Lage der Verfassung im europäischen Integrationsprozeβ*, Festschrift für ALBERT BLECKMANN, Berlim, 1993, p. 197 e ss; KARL ALBRECHT SCHACHTSCHNEIDER e. a., *Der Vertrag über die Europäische Union und das Grundgesetz*, JZ, 1993, p. 751 e ss; CHRISTIAN KIRCHNER, *Rechtliche Grenzen für Kompetenzübertragungen auf die Europäische Gemeinschaft*, JZ, 1993, p. 760 e ss; ALBRECHT WEBER, *Allemagne, in* JEAN-CLAUDE MASCLET e. a., Les Constitutions nationales à l'épreuve de l'Europe, Paris, 1993, p. 17 e ss; JOACHIM WOLF, *Die Revision des Grundgesetzes durch Maastricht – Ein Anwendungsfall des Art 146 GG*, JZ, 1993, p. 594 e ss; MATTHIAS HERDEGEN, *Die Belastbarkeit des Verfassungsgefüges auf dem Weg zur Europäischen Union*, EuGRZ, 1992, p. 589 e ss; HUGO H. HAHN, *Der Vertrag von Maastricht als völkerrechtliche Übereinkunft und Verfassung*, Baden-Baden, 1992, p. 103

como o Tratado de Amesterdão[145] implicaram revisões constitucionais em alguns Estados membros[146].

Se essa situação vier a ocorrer em alguns Estados, naturalmente que o processo de ratificação será aí mais demorado.

Em suma, estamos ainda muito longe de poder saber se o projecto de constituição europeia algum dia vai passar da qualidade de direito constituendo a direito constituído.

---

e ss; RUPERT SCHOLZ, *Grundgesetz und die europäische Einigung*, NJW, 1992, p. 2593 e ss; WERNER VON SIMSON e. a., *Europäische Integration und Grundgesetz – Maastricht und die Folgen für das deutsche Verfassungsrecht*, Berlin, 1992. Na **doutrina francesa**, veja-se LOUIS FAVOREU, *Le controle de constitutionnalité du traité de Maastricht et le dévéloppement du «Droit constitutionnel international»*, RGDIP, 1993, p. 39 e ss; OLIVIER BEAUD, *La souveraineté de l'État, le pouvoir constituant et le Traité de Maastricht*, RFDA, 1993, p. 1045 e ss; JOËL RIDEAU, *France, in* JEAN-CLAUDE MASCLET e. a., *Les Constitutions...*, p. 67 e ss. Na **doutrina portuguesa**, veja-se JORGE MIRANDA, *O Tratado de Maastricht e a Constituição Portuguesa, in* AAVV, A União Europeia na encruzilhada, Coimbra, 1996, p. 45 e ss; MARIA LUÍSA DUARTE, *O Tratado...*, p. 665 e ss; *Idem, Portugal, in* Jean-CLAUDE MASCLET e. a., Les Constitutions..., p. 207 e ss.

[145] O Tratado de Amesterdão, também provocou revisões constitucionais em alguns Estados membros (França e Áustria) e foi objecto de referendo noutros (Irlanda e Dinamarca). Em França, a revisão constitucional ocorreu como consequência da decisão n.º 97-394 DC de 1997 do Conselho Constitucional, que declarou algumas normas do Tratado inconstitucionais. Sobre as repercussões constitucionais do Tratado de Amesterdão, em geral, ver FLORENCE CHALTIEL, *La Constitution française et l'Union européenne. À propos de la révision constitutionnelle du 25 janvier 1999*, RMCUE, 1999, p. 228 e ss; DIDIER MAUS e. a., *Le traité d'Amsterdam face aux constitutions nationales*, Paris, 1998, *passim*; FRANCISCO JAVIER DONAIRE VILLA, *El Tratado d'Amsterdam y la Constitución*, REDC, 1998, p. 119 e ss; MATTHIAS PECHSTEIN, *Verfassungrechtliche Aspekte des Vertrags von Amsterdam in der Bundesrepublik Deutschland, in* WALDEMAR HUMMER (Dir.), Die Europäische..., p. 281 e ss; THEO ÖHLINGER, *Verfassungsrechtliche Aspekte des Vertrags von Amsterdam in Österreich, in* WALDEMAR HUMMER (Hrsg), Die Europäische..., p. 297 e ss.

[146] Sobre a influência do processo de integração nas constituições estaduais, ver, entre outros, JOËL RIDEAU, *L'Europe dans les Constitutions des Etats membres de l'Union européenne, in* JORGE MIRANDA (org.), Perspectivas Constitucionais..., vol. II, p. 717 e ss; RAINER ARNOLD, *L'exposition des Constitutions européennes aux influences externes, in* JORGE MIRANDA (org.), Perspectivas Constitucionais..., vol. II, p. 673 e ss; FRANCISCO RUBIO LLORENTE, *Constitucion europea o reforma constitucional?, in* JORGE MIRANDA (org.), Perspectivas Constitucionais..., vol. II, p. 695 e ss.

CAPÍTULO V

ALGUMAS CONCLUSÕES... AINDA QUE PROVISÓRIAS

É costume no final de um estudo, o seu autor apresentar as conclusões a que chegou. Sem querer fugir à regra, é, no entanto, nosso dever prevenir o leitor para o carácter, irremediavelmente, provisório destas conclusões, pois, não se dispõe ainda do texto final do tratado que estabelece uma constituição para a Europa. Aliás, a primeira dúvida que se coloca é a de saber se a sua denominação actual fará vencimento.

Ora, se, como alguém dizia, basta uma palavra do legislador para queimar bibliotecas e bibliotecas de doutrina, a situação piora quando o legislador ainda nem sequer proferiu a sua última palavra.

De qualquer modo, e tendo em conta todas as contingências descritas:

I) Quanto aos antecedentes e modo de elaboração

1. Este projecto é o culminar de um processo, que se iniciou com a criação das Comunidades Europeias na década de 50, tendo-se aprofundado com a criação da União Europeia pelo Tratado de Maastricht.
2. As Comunidades e a União são, desde o início, entidades inovadoras e muito complexas, complexidade essa que se agudiza com os sucessivos alargamentos, que trouxeram uma maior heterogeneidade, e com o constante aprofundamento, que estendeu a actuação da União Europeia muito para além dos aspectos económicos.
3. As Comunidades e a União vão-se tornando lentamente novas formas de agregação do poder político, que, por isso, são susceptíveis de violar os direitos das pessoas.

4. Como tal, necessitam de um enquadramento constitucional. Todavia, o quadro constitucional da União não pode ser decalcado do estadual, nem visa substituí-lo.
5. Na verdade, os fenómenos da globalização e da interdependência implicam soluções, que não se conseguem encontrar apenas ao nível do Estado, pelo que se assiste, na prática, ao surgimento de um constitucionalismo global, ou dito de outro modo, de múltiplos níveis de constitucionalidade. O constitucionalismo da Pós-modernidade deixa, portanto, de ser exclusivamente estadual.
6. O TUE, e antes os tratados institutivos das CE, são tributários desta evolução, pois, embora formalmente façam parte do Direito Internacional, vão sofrendo transformações que os aproximaram progressivamente de uma constituição em sentido material.
7. Actualmente, verifica-se, pois, uma certa desadequação entre a forma e conteúdo dos Tratados, o que conduziu ao aparecimento de propostas, provenientes, em primeira linha, do Parlamento Europeu, e, mais recentemente, dos mais diversos quadrantes, no sentido da criação de uma constituição formal para a União Europeia.
8. Esta necessidade de um quadro jurídico-constitucional decorre também das dificuldades, cada vez mais sentidas pela União, de se atingirem consensos com base no actual método intergovernamental de revisão dos tratados.
9. A iminência do fracasso, em Nice, levou a procurar novos métodos, que incluam uma maior participação dos seus vários componentes, o que terá consequências em termos de maior legitimidade. Aliás, já antes, em Maastricht, se tinha percebido a fragilidade de um método, que está totalmente afastado dos cidadãos, os quais podem ser chamados a pronunciar-se em referendo, quando já tudo está decidido.
10. É, portanto, em nome de uma maior legitimidade democrática, que se vai ensaiar a aplicação do método da convenção ao processo geral de revisão.
11. Na sequência da declaração n.º 23 do Tratado de Nice, o Conselho Europeu de Laeken convoca uma convenção com o objectivo de assegurar uma preparação tão ampla e transparente quanto possível da próxima conferência intergovernamental.

12. Nessa convenção estiveram representadas as várias fontes de legitimidade da União: os Estados, através dos representantes dos Governos, e os cidadãos, através do Parlamento Europeu e dos parlamentos nacionais.
13. A convenção concluiu os seus trabalhos, que duraram 18 meses, com a entrega do projecto de Tratado que estabelece uma constituição para a Europa ao Presidente do Conselho Europeu em Roma, no passado mês de Julho.
14. Este projecto não é, de modo algum, um produto acabado, encontrando-se, neste momento, em apreciação na CIG.

II) Quanto ao conteúdo

15. O conteúdo do projecto não é 100% inovador. Pelo contrário, mais de metade das suas normas já fazem parte do acervo da União. No que diz respeito às outras normas, muitas delas limitam-se a sofrer uma operação de cosmética, sendo relativamente poucas (houve quem as tivesse estimado em 70) as que contêm, efectivamente, um tratamento inovador da matéria em causa.
16. Como exemplo de normas que só, aparentemente, são inovadoras, dado que, na realidade, há muito que fazem parte de um Direito não escrito da União, podem mencionar-se o art. 2.º da Parte I relativo aos valores da União, ou ainda, o objectivo de promoção da paz e de respeito pelos princípios da Carta das Nações Unidas afirmado agora expressamente no texto do projecto.
17. Do ponto de vista substancial, as alterações propostas parecem gravitar, essencialmente, em torno de dois factores, a saber, a afirmação inicial da dupla fonte de legitimidade da União Europeia – cidadãos e Estados – e a necessidade de simplificação dos Tratados anteriores.
18. Assim, a dupla «inspiração» da União nos cidadãos e nos Estados afirmada no art. 1.º da Parte I vai ter repercussões ao longo todo o projecto.
19. Na verdade, o projecto, na senda da tradição humanista europeia, dá mais um passo no sentido da «humanização» da União, procurando colocar o ser humano no centro da União Europeia, com todas as consequências que isso implica.

20. A União de cidadãos leva à consagração do carácter, não só vinculativo, como também constitucional, da Carta dos Direitos Fundamentais, e impõe a adesão da União à CEDH.
21. É também a União de cidadãos que pressiona no sentido da consagração de normas em matéria de cidadania europeia, bem como da flexibilização das condições de acesso dos particulares aos tribunais da União, em sede de recurso de anulação.
22. A União de cidadãos tem ainda repercussões, no que diz respeito à composição, funcionamento e competências dos órgãos da União, bem como em relação aos princípios que devem guiar a vida democrática da União.
23. Assim, o órgão, no qual estão representados os cidadãos é o PE, que vê os seus poderes, mais uma vez, reforçados. O Conselho de Ministros, apesar de nele estarem representados os Estados, também sofre a influência da União de cidadãos, na medida em que exerce funções legislativas. Nesse caso, as suas reuniões devem ser públicas. Além disso, a definição da votação por maioria qualificada obedece a um duplo critério que engloba a maioria dos Estados e uma maioria até muito alargada de cidadãos.
24. É ainda a União de cidadãos que justifica as novas regras de participação dos parlamentos nacionais no processo, designadamente, na fiscalização do princípio da subsidiariedade.
25. O espaço de liberdade, segurança e justiça, no qual o cidadão ocupa um lugar central, é objecto de modificações no projecto de constituição, que visam torná-lo mais adequado e mais eficaz.
26. Mas a União Europeia também é composta por Estados, o que, antes de mais, tem como consequência que os Estados não se destinam a desaparecer. Pelo contrário, eles estão representados nos órgãos da União, como, por exemplo, no Conselho e no Conselho Europeu, e estes órgãos continuam a deter competências muito importantes dentro da União.
27. Além disso, a União de Estados justifica que, no apuramento da maioria qualificada, um dos critérios seja a maioria dos Estados, em obediência ao princípio da igualdade dos Estados.
28. É também a União de Estados que impõe a regra da unanimidade na decisão, quando estão em causa matérias que fazem parte do cerne da soberania dos Estados, como sejam a defesa e, em grande medida, a política externa e de segurança comum.

29. Os princípios relativos à repartição e ao exercício de atribuições entre a União e os Estados – o princípio de atribuição, o princípio da subsidiariedade e o princípio das competências residuais dos Estados –, bem como a clarificação das regras em matéria de repartição de poderes entre a União e os seus Estados membros contribuem para salvaguardar as atribuições dos Estados, impedindo a sua erosão, como se verificou no passado.

30. Assim, porque a União Europeia é uma união de Estados, o projecto de constituição procura respeitar também a soberania dos Estados.

31. A necessidade de simplificação dos anteriores Tratados implicou o fim da estrutura tripartida em pilares da União Europeia, que conduz à existência de tratados dentro de tratados. Daqui decorre que a União Europeia passa a ser concebida como uma entidade unitária, com personalidade jurídica interna e internacional, que assume, por isso, toda a capacidade internacional antes detida pelas Comunidades Europeias.

32. O carácter unitário da União vai permitir a sua melhor afirmação na cena mundial, pois as modificações, designadamente, no domínio da PESC, conduzem a uma maior coerência e a uma maior eficácia.

33. Além disso, a estrutura unitária da União vai ter repercussões no domínio dos actos jurídicos a adoptar, bem como em sede de repartição de atribuições entre a União e os Estados membros. Ambas as matérias saem, significativamente, simplificadas da convenção.

34. Deve, no entanto, sublinhar-se que existem ainda alguns resquícios da anterior estrutura tripartida da União, dado que o regime jurídico sobre a competência dos órgãos, os actos jurídicos e a submissão à jurisdição do TJ difere, consoante as matérias em causa.

III) Quanto à natureza da União

35. O projecto de constituição não representa uma ruptura com o sistema jurídico actual. Pelo contrário, afirma-se a continuidade jurídica da nova União em relação às Comunidades e à União antiga.

36. Todavia, parecem existir alguns sinais no sentido de um federalismo, mas um federalismo próprio e específico da União Europeia, pois não há dois federalismos idênticos. Aliás, o processo de federalização da União já vem detrás, não começa com este projecto.

37. Esses sinais são:
 – a denominação do projecto como tratado que estabelece uma *constituição* para a Europa;
 – a consolidação da União enquanto comunidade política composta por outras comunidades políticas – os Estados membros;
 – o exercício do Poder político da União em relação aos cidadãos e aos Estados;
 – algumas modificações introduzidas no quadro institucional, como sejam a criação da figura do Presidente do Conselho Europeu e o seu modo de eleição ou da figura do Ministro dos Negócios Estrangeiros com a sua vasta competência;
 – a clarificação das funções dos vários órgãos;
 – a nova tipologia dos instrumentos jurídicos da União.

38. Mas não se pode deixar de referir que, a par destes elementos federais, se mantêm – e até se reforçam – algumas soluções antifederais, como sejam a consagração do direito de saída voluntária, a ausência de uma política de defesa comum, a manutenção da regra da unanimidade, designadamente, em sede de revisão, e a ausência de competência do TJ para declarar a nulidade do Direito nacional contrário à constituição europeia.

39. O federalismo europeu será sempre um federalismo específico. Ora, uma dessas suas particularidades consubstancia-se na generalização das cooperações reforçadas, que este projecto vai permitir, ao aligeirar as condições relativas ao seu exercício.

IV) Quanto ao sistema político da União

40. A caracterização do sistema político da União, saído deste projecto de constituição, não se afigura simples, mas uma coisa é certa: é um sistema mais parlamentar do que o anterior, pois o Presidente da Comissão passa a ser eleito pelo Parlamento Europeu e é perante ele responsável. É um sistema bicameral, não por

o Parlamento Europeu ter duas câmaras, mas porque, do ponto de vista das funções legislativa e orçamental, o Conselho funciona como a outra câmara, uma vez que tem poderes nestes domínios.
41. Mas o sistema político da União Europeia não é, de modo algum, um sistema parlamentar puro, dado que os Presidentes do Conselho Europeu e da Comissão detêm amplos poderes, que tendem a rivalizar com as «câmaras».
42. O projeto de constituição apenas dá, portanto, mais um passo, que é necessariamente intermédio, no longo caminho da definição de um sistema político próprio da União.

V) Quanto ao futuro do projecto

43. O projecto encontra-se em discussão na CIG e ainda está longe de conseguir reunir o consenso necessário para ser aprovado.
44. De qualquer forma, após a passagem da primeira «barreira da unanimidade» na CIG vai ter de passar a segunda, que é a ratificação por todos os Estados membros. E esta dupla barreira da unanimidade vai ter de ser ultrapassada, já não a quinze, mas a vinte e cinco, o que torna as coisas ainda mais difíceis.
45. Em alguns Estados haverá revisões constitucionais, noutros haverá referendos, que podem correr seriamente o risco de ser negativos, o que inviabilizará a ratificação por parte desse ou desses Estados membros.
46. Todavia, num processo, que tem sido sistematicamente acusado de pouca transparência, de pouca proximidade aos cidadãos, em suma, de pouca democraticidade, como é o processo de integração europeia, parece-nos que vale a pena correr o risco e, como tal, deve-se fazer o referendo.
47. Aqui chegados, resta apenas deixar bem claro que, se em referendo nos perguntarem se achamos que Portugal deve ratificar este projecto de tratado que estabelece uma constituição para a Europa, a nossa resposta será inequivocamente SIM!

CAPÍTULO VI

OS MAIS RECENTES DESENVOLVIMENTOS: A CIG 2004

25. Nota final

Após a publicação da 1.ª edição deste livro tiveram lugar duas importantes reuniões da Conferência Intergovernamental 2003/2004, que trouxeram novos dados à discussão sobre o futuro do projecto de constituição europeia nele estudado.

A primeira dessas reuniões decorreu sob a Presidência italiana, em Dezembro de 2003, e foi um fracasso, pois não se conseguiu chegar a acordo quanto à aprovação do projecto, devido à oposição, sobretudo, da Espanha e da Polónia, principalmente, às regras de apuramento da maioria qualificada no seio do Conselho.

Pelo contrário, em 17 e 18 de Junho de 2004, realizou-se uma segunda reunião da CIG, sob a presidência da Irlanda, que logrou acordo sobre um texto[147], cuja versão final, neste momento, ainda não se conhece, uma vez que está a ser objecto de tratamento por um grupo de juristas-linguistas. Existe, contudo, no sítio informático da União Europeia uma versão consolidada provisória[148], na qual nos baseamos.

A assinatura do texto definitivo pelos representantes dos Estados membros está prevista para Outubro/Novembro deste ano.

Assim, tendo em conta a relativa incerteza quanto ao texto final, nesta 2.ª edição, vamos apenas expor as principais alterações que o projecto da

---

[147] V. o documento CIG 85/04, de 18 de Junho de 2004. Disponível no sítio da Europa http://www.europa-eu.int.

[148] V. a versão consolidada provisória no sítio da União Europeia http://www.europa.eu.int/futurum sob o n.º CIG 86/04, de 25 de Junho de 2004.

convenção europeia, sobre o qual trabalhámos, entretanto sofreu, deixando para momento posterior a reformulação da obra, pois tal não nos parece possível enquanto não for conhecida a versão final do projecto de constituição.

Além disso, resolvemos inserir, nesta 2ª edição, uma lista de bibliografia específica sobre o projecto de constituição europeia.

26. As principais modificações introduzidas pela CIG 2004

As principais modificações, introduzidas pela CIG 2004, incidiram sobre os arts. 24.° a 26.° da Parte I do projecto de constituição europeia da Convenção, relativos a aspectos institucionais, pois, como se disse, foi nesse domínio que se gerou maior controvérsia nos Estados membros, tendo mesmo inviabilizado o consenso, em Dezembro de 2003.

Mas para além das questões institucionais, a CIG também introduziu algumas alterações em aspectos não institucionais.

Deve ainda mencionar-se que se prevê na versão final uma numeração dos artigos, de modo contínuo, em números árabes, pelo que desaparecerão os números romanos e árabes introduzidos pela Convenção e mantidos na versão consolidada provisória.

26.1. *As questões institucionais*

26.1.1. O apuramento da regra da maioria qualificada no seio do Conselho

O apuramento da maioria qualificada no seio do Conselho foi dos tópicos em que se verificou maiores divergências no âmbito da CIG 2004. Como vimos, o projecto aprovado na convenção europeia previa que, depois 1 de Novembro de 2009 (art. I-24.°, n.° 3), a decisão por maioria qualificada com base numa proposta da Comissão se tomasse por maioria dos Estados que represente no mínimo três quintos da população (art. I-24.°, n.° 1). Se não houvesse proposta da Comissão seria necessária a maioria de dois terços dos Estados, que represente no mínimo três quintos da população.

Após várias propostas e muita negociação, a CIG 2004 chegou a um acordo, segundo o qual, no caso de haver proposta da Comissão, a maioria qualificada implica no mínimo 55% dos membros do Conselho, que incluam pelo menos 15 Estados e que esses membros reúnam pelo menos 65% da população da União (art. I-24.º, n.º 1). Além disso, a minoria de bloqueio deve incluir pelo menos quatro membros do Conselho. Se o Conselho não decidir com base numa proposta da Comissão ou do MNE, a maioria qualificada implica 72% dos membros do Conselho, que representem Estados membros que reúnam 62% da população (art. I-24, n.º 2).

Deve ainda salientar-se que, no âmbito da CIG, foi negociada uma proposta de decisão (v. Anexo III do documento CIG 85/04[149]) do Conselho relativa à implementação do art I-24.º, que estabelece regras transitórias quanto à votação por maioria qualificada no seio do Conselho. De acordo com essa proposta, se membros do Conselho que representem três quartos do nível da população ou três quartos do número de Estados declararem que tencionam opor-se a uma determinada proposta, o Conselho deve discutir o assunto (art. 1.º), devendo esforçar-se por chegar a uma solução (art. 2.º). Esta decisão só se aplicará a partir de 1 de Novembro de 2009 e deve vigorar, pelo menos, até 2014, o que significa que até 2009 devem vigorar as regras actualmente em vigor, ou seja, as regras aprovadas em Nice, com as alterações que lhe foram introduzidas pelo último Tratado de Adesão assinado em Atenas, em 16 de Abril de 2003, que entrou em vigor em 1 de Maio de 2004[150].

26.1.2. A composição da Comissão

A composição da Comissão foi outro tema que gerou uma extrema controvérsia. Como se viu, a convenção europeia tinha proposto, no art. I--25.º, n.º 3, que a Comissão deveria ser composta por um colégio, do qual faziam parte o Presidente, o MNE, o Vice-Presidente e treze comissários europeus, escolhidos com base num sistema de rotação igualitária entre Estados Membros, sistema a estabelecer por uma decisão do Conselho Europeu. O Presidente nomearia ainda comissários sem direito de voto provenientes dos outros Estados membros. Estas regras só se destinavam a ser aplicadas a partir de 1 de Novembro de 2009[151].

---

[149] Ver *supra* nota 147.

[150] Em Portugal, o tratado de adesão está publicado no DR n.º 12 Série I-A, suplemento, de 15 de Janeiro de 2004.

[151] Até lá deveria manter-se a regra um Estado – um comissário constante do Protocolo aprovado em Nice.

A CIG 2004 afastou-se destas regras. Assim, a primeira Comissão nomeada em aplicação da constituição mantém a regra de um comissário por Estado membro, e inclui o Presidente e o MNE, que é um dos seus Vice-Presidentes (art. I-25.°, n.° 5). A partir do fim do mandato desta primeira Comissão, este órgão passará a ser composto por um número que corresponda a dois terços dos seus Estados membros, podendo o Conselho Europeu, por unanimidade, modificar este número (art. I-25.°, n.° 6). Os comissários serão seleccionados entre os nacionais dos Estados membros, mediante um sistema de rotação igual entre os Estados membros, sistema que será aprovado por uma decisão europeia do Conselho Europeu, por unanimidade.

26.1.3. Outras modificações institucionais

Deve referir-se que, para além destes dois aspectos, de crucial importância para alguns Estados, a CIG 2004 procedeu ainda a outras modificações institucionais.

Assim, introduziu no Parlamento Europeu uma limitação do número de Deputados, o qual não deve exceder 750, bem como do número de lugares por cada Estado, o qual não deve ultrapassar os 96 Deputados.

A CIG 2004 também não aceitou a referência expressa ao Conselho Legislativo, prevista no projecto saído da Convenção Europeia, mantendo, no entanto, a ideia de que sempre que o Conselho exerce funções legislativas, as suas reuniões devem ser públicas (art. I-49.°, n.° 2). Além disso, em boa verdade, a formação do Conselho Legislativo não se encontra excluída, pois o n.° 4 do art. I-23.° prevê que o Conselho Europeu, por maioria qualificada, adopte uma decisão europeia que crie outras formações do Conselho

A CIG 2004 alterou ainda a regra relativa à Presidência das diversas formações do Conselho, que, com excepção do Conselho dos Negócios Estrangeiros, passa a ser assegurada por um sistema de rotatividade baseado na igualdade, nas condições a fixar por uma decisão europeia do Conselho Europeu, que decide por maioria qualificada (art. I-23.°, n.° 6). Como se mencionou, a versão do projecto saída da Convenção previa que a presidência fosse assegurada por um sistema de rotatividade por um mínimo de um ano.

26.2. As questões não institucionais

26.2.1. As políticas

No domínio não institucional, a CIG 2004 preocupou-se, essencialmente, em clarificar certas questões relacionadas com algumas políticas, como é o caso da política económica e monetária[152], da coesão económica e social[153], da política de transportes[154] e da política de energia[155].

26.2.2. As normas de revisão

Além disso, a CIG também alterou algumas disposições finais, como é o caso das normas relativas à revisão da constituição.

Assim, neste domínio, em vez de um procedimento único de revisão, como previa o projecto aprovado pela convenção europeia, no art. 7.º da Parte IV, a CIG 2004, na sequência, aliás, do que muitos têm vindo a defender[156], consagra três procedimentos diferenciados, consoante as disposições que se visem alterar. Como veremos, esta alteração é mais formal do que substancial.

O art. IV-7.º continua a consignar o procedimento de revisão ordinário, que coincide, no essencial, com o art. com o mesmo número do projecto apresentado pela convenção europeia, que já analisámos.

Além disso, são introduzidos dois preceitos – os arts. IV-7.ºbis e IV-7.ºter – que consagram dois procedimentos de revisão simplificada.

Estes dois procedimentos de revisão simplificada têm em vista facilitar a alteração de dois tipos de regras, a saber:

– as regras de procedimento de decisão;
– as regras relativas às políticas internas da União.

---

[152] V. arts. I-11.º, n.º 3, I-14.º, n.º 1, III-54.º, n.ºs 2 e 4, III-76.º, n.º 6, III-88.º, n.º 1, III-91.º, n.ºs 2 e 4, III-92.º, n.º 2.

[153] V. arts. III-116.º, III-65, n.º 2, al. c), e n.º 3, al. a).

[154] V. arts. III-134.º, n.º 3, III-141.º.

[155] V, arts. I-13.º e III-157.º, n.º 3.

[156] Ver, por todos, BRUNO DE WITTE, *Entry into Force and Revision*, BRUNO DE WITTE (Ed.), Ten Reflections on the Constitutional Treaty for Europe, E. book, Robert Schuman Centre for Advanced Studies and European University Institut, San Domenico di Fiesole, 2003, p. 213 e ss.

Assim, segundo o art. IV-7.°bis, n.° 1, nos casos em que na Parte III o Conselho decide, por unanimidade, o Conselho Europeu pode adoptar uma decisão europeia que autorize o Conselho a decidir, por maioria qualificada, desde que não estejam em causa decisões com implicações militares ou no domínio da defesa.

Além disso, nos casos em que a Parte III prevê a aprovação de leis ou de leis-quadro por um procedimento legislativo especial, o Conselho Europeu pode adoptar uma decisão europeia com vista a permitir a aprovação dessas leis ou leis-quadro pelo procedimento legislativo ordinário (art. IV-7.°bis, n.° 2).

Estas decisões europeias são aprovadas pelo Conselho Europeu, por unanimidade, após terem sido aprovadas pelo Parlamento Europeu, por maioria dos membros que o compõem (n.° 4 do preceito acima mencionado).

As propostas de decisão europeia *sub judice* são transmitidas aos parlamentos nacionais, que têm o direito de se opor à tomada de decisão num prazo de seis meses, impedindo, por essa via, a adopção da mesma.

O art. IV-7.°ter prevê o procedimento de revisão simplificado relativo às políticas internas da União. Segundo o n.° 1 do preceito, o Governo de qualquer Estado membro, o PE ou a Comissão podem submeter ao Conselho Europeu projectos de alteração das normas do título III referente às políticas internas da União.

O Conselho Europeu pode adoptar uma decisão europeia, por unanimidade, e após consulta do PE e da Comissão, com as modificações a introduzir. Esta decisão tem de ser posteriormente aprovada pelos Estados membros, de acordo com as suas regras constitucionais.

Deve, todavia, sublinhar-se que este procedimento não se pode aplicar nos casos em que se pretenda estender as atribuições da União, pois tal está-lhe expressamente vedado (art. IV-7.°ter, n.° 3).

Estas regras já estavam, em parte, previstas no art. I-24.°, n.° 4, do projecto de constituição apresentado pela convenção. Não se trata, pois, de verdadeiras inovações, mas antes da procura de uma melhor inserção sistemática.

26.2.3. A Carta dos Direitos Fundamentais da UE

Como já se disse, o projecto de constituição preconiza, na Parte II, a incorporação da Carta, embora com algumas alterações em relação ao texto aprovado na Convenção que a elaborou, o que constituiu, aliás, objecto de alguma polémica.

Nesta matéria, um outro ponto que levantou alguma celeuma na Convenção Europeia foi a introdução, no preâmbulo da constituição, de uma referência às anotações do *Presidium* da Convenção que elaborou a Carta.

Ora, a CIG 2004 vai corroborar o projecto da Convenção nesses dois aspectos, pois vai incluir, no preâmbulo da constituição, uma referência à actualização da Carta levada a efeito pelo *Praesidium* da Convenção Europeia e vai aditar um novo número – o n.º 7 – no art. II-52.º, no qual afirma que as explicações elaboradas com vista a orientar a interpretação da Carta devem ser tomada em consideração pelos órgãos jurisidicionais da União e dos Estados membros.

BIBLIOGRAFIA ESPECÍFICA
SOBRE O PROJECTO DE CONSTITUIÇÃO EUROPEIA

A. TIZZANO, *La "Costituzione europea" e il sistema giurisdizionale comunitario*, Dir. Un. Eur., 2003, p. 455 e ss.

ADELE ANZON, *La delimitazione delle competenze dell'Unione Europea*, Dir. Pub., 2003, p. 787 e ss.

ALAN DASHWOOD e. a., *Draft Constitutional Treaty of the European Union and related documents*, ELR, 2003, p. 3 e ss.

ALBERTO Costa, *Na Convenção Europeia – Posições, Argumentos, Debates*, Lisboa, 2004.

ANA MARIA GUERRA Martins, *O Projecto de Constituição Europeia. Contribuição para o Debate sobre o Futuro da União*, Coimbra, 2004.

ANA MARIA GUERRA MARTINS, *Vers une Constitution post-nationale – fédérale, confédérale ou vraiment sui generis?*, ERPL/REDP, 2003, p. 39 e ss.

ANDREW WILLIAMS, *EU human rights policy and the Convention on the Future of Europe: a failure of design?*, ELR, 2003, p. 794 e ss.

ANNE PETERS, *European Democracy After the 2003 Convention*, CMLR, 2004, p. 37 e ss.

BRUNO DE WITTE (Ed.), *Ten Reflections on the Constitutional Treaty for Europe*, E. book, Robert Schuman Centre for Advanced Studies and European University Institute, San Domenico di Fiesole, 2003.

BRUNO DE WITTE, *The European Constitutional Treaty : Towards an Exit Strategy for Recalcitrant Member States ?*, MJ, 2003, p. 3 e ss.

C. LADENBURGER, *Towards a Post-national Constitution – Federal, Confederal or Genuinely sui generis? Introductory Remarks on the Convention Method, and Some Features of an Improved Constitutional Charter*, ERPL/REDP, 2003, p. 75 e ss.

CESARE PINELLI, *Diritti fondamentali e riasseto istituzionale dell'Unione*, Dir. Pub., 2003, p. 817 e ss.

CESÁREO GUTÍERREZ ESPADA, *La reforma de las instituciones en el proyecto de Tratado constitucional presentado por la Convención (2003)*, Rev. Der. Com. Eur., 2003, p. 897 e ss.

CLAUDIA MORVIDUCCI, *Convenzione europea e ruolo dei parlamenti nazionali: le scelte definitive*, Riv. Ital. Dir. Pub. Com., 2003, p. 1061 e ss.

DANIEL THYM, *Reforming Europe's Common Foreign and Security Policy*, ELJ, 2004, p. 5 e ss.

DANIEL VIGNES, *«Il faut faire avec...»*, RMCUE, 2003, p. 425 e ss.

DOMINIK HANF/TRISTAN BAUMÉ, *Vers une clarification de la répartition des compétences entre l'Union et ses États membres? – Une analyse du projet d'articles du Présidium de la Convention*, CDE, 2003, p. 135 e ss.

F. JESÚS CARRERA HERNÁNDEZ, *Simplificación de los instrumentos jurídicos en el Proyecto de Tratado constitucional*, Rev. Der. Com. Eur., 2003, p. 1041 e ss.

FABIENNE TURPIN, *L'intégration de la Charte des droits fondamentaux dans la Constitution européenne*, RTDE, 2003, p. 615 e ss.

FEDERICO SORRENTINO, *Brevi reflessione sui valori e sui fini dell'Unione Europea nel progetto di costituzione europea*, Dir. Pub., 2003, p. 809 e ss.

FLORENCE CHALTIEL, *Constitution européenne et coopérations renforcées à propos des travaux de la Convention*, RMCUE, 2003, p. 290 e ss.

FLORENCE CHALTIEL, *Une Constitution pour l'Europe, an I de la république européenne*, RMCUE, 2003, p. 493 e ss.

FRANCIS SNYDER, *Editorial: Is the European Constitution Dead?*, ELJ, 2004, p. 255 e ss.

G. DELLA CANANEA, *Procedures in the New (Draft) Constitution of the European Union*, ERPL/REDP, 2003, p. 221 e ss.

GIL CARLOS RODRÍGUEZ IGLESIAS, *La constitucionalización de la Unión europea*, Rev. Der. Com. Eur., 2003, p. 893 e ss.

GIULIANO AMATO, *The European Convention: First Achievements and Open Dilemas*, Int. J. Const. Law, 2003, p. 355 e ss.

GUILHERME D'OLIVEIRA MARTINS, *Que Constituição para a União Europeia – Análise do Projecto da Convenção*, Lisboa, 2003.

GUY SCOFFONI, *Convention pour l'avenir de l'Europe et Convention de Philadelphia: la question du mode de production d'une constitution*, RAE, 2001--2002, p. 683 e ss.

ILENIA MASSA PINTO, *Il principio de sussidiarietà nel «Progetto di Trattato che istituisce una costituzione per l'Europa»*, Dir. Pubb. Comp. Eur., 2003, p. 1221 e ss.

INGOLF PERNICE/MIGUEL POIARES MADURO, *A Constitution for the European Union – First Comments on the 2003-Draft of the European Convention*, Baden-Baden, 2003.

JAN WOUTERS, *Exit the Convention, Come the ICG. Some Reflections on the Convention as a Method for Constitutional Change in the EU*, MJ, 2003, p. 225 e ss.

JAVIER ROLDÁN BARBERO, *La Carta de Derechos Fundamentales de la UE: su estatuto constitucional*, Rev. Der. Com. Eur., 2003, p. 943 e ss.

JEAN TOUSCOZ, *Brèves remarques juridiques sur les institutions de l'Union européenne après le Conseil européen de Thessalonique*, RMCUE, 2003, p. 420 e ss.

JEAN-VICTOR LOUIS, *Le project de Constitution: continuité ou rupture?*, CDE, 2003, p. 215 e ss.

JOSÉ LUÍS DA CRUZ VILAÇA, *Il controllo giurisdizionale di costituzionalità: alcune riflessioni*, in LUCIA SERENA ROSSI, Il progetto di Trattato-costituzione, Milão, 2004, p. 205 e ss.

JOSÉ MANUEL SOBRINO HEREDIA, *El sistema jurisdiccional el el proyecto de Tratado constitucional de la Unión Europea*, Rev. Der. Com. Eur., 2003, p. 993 e ss.

JOSÉ MARTÍN Y PÉREZ DE NANCLARES, *El proyecto de Constitución europea: reflexiones sobre los trabajos de la Convención*, Rev. Der. Com. Eur., 2003, p. 527 e ss.

JOSEPH PINI, *Qu'est-ce qu'une constitution?* RAE, 2001-2002, p. 655 e ss.

JUAN SANTOS VARA, *La simplificación normativa en el proyecto de Constitución europea: unificación del sistema de actos o mantenimiento de la diversidad?*, GJ, Marzo/Abril 2004, p. 3 e ss.

JULIANE KOKOTT/ALEXANDRA RÜTH, *The European Convention and its Draft Treaty establishing a Constitution for Europe: Appropriate Answers to the Laeken Questions?*, CMLR, 2003, p. 1315 e ss.

JÜRGEN SCHWARZE, *The Convention's Draft Treaty establishing a Constitution for Europe*, CMLR, 2003, p. 1037 e ss.

KOEN LENAERTS/DAMIEN GERARD, *The Structure of the Union according to the Constitution for Europe: the Emperor is Getting Dressed*, ELR, 2004, p. 289 e ss.

LAURENCE BURGORGUE-LARSEN, *Pourquoi une constitution européenne?*, RAE, 2001-2002, p. 670 e ss.

LEOPOLDO ELIA, *Prime osservazioni sulla forma di governo nella costituzione per l'Europa*, Dir. Pub., 2003, p. 757 e ss.

Loïc Grard, «Traité constitutionnel», une réalité juridique, RDP, 2003, p. 1259 e ss.

Marise Cremona, The Draft Constitutional Treaty: External Relations and External Actions, CMLR, 2003, p. 1347 e ss.

Markus G. Puder, Constitutionalizing the European Union – More than a Sense of Direction from the Convention on the Future of Europe, Fordham Int'l L. J., 2002/2003, p. 1562 e ss.

Michael Dougan, The Convention's Draft Constitutional Treaty: bringing Europe closer to its lawyers?, ELR, 2003, p. 763 e ss.

P. Craig, Competence : Clarity, Containment and Consideration, ERPL/REDP, 2003, p. 143 e ss.

Patricia Heindl e. a., The Future Constitution of Europe – European Convention, IGC 2004, and the Prospects for European Integration, Verwaltung aktuell, 2003, p. 154 e ss.

Patrick Birkinshaw, A Constitution for the European Union? A Letter from Home, EPL, 2004, p. 57 e ss.

Paulo de Pitta e Cunha, A Constituição Europeia. Um Olhar Crítico sobre o Projecto, Coimbra, 2004.

Raymond J. Friel, Providing a Constitutional Framework for Withdrawal from the EU: Article 59 of the Draft European Constitution, ICLQ, 2004, p. 407 e ss.

Robert Badinter, A European Constitution: Perspectives of a French Delegate to the Convention, Int. J. Const. Law, 2003, p. 363 e ss.

S. Koukoulis-Spiliotopoulos, Which Charter of Fundamental Rights was Incorporated in the Draft European Convention?, ERPL/REDP, 2003, p. 295 e ss.

Sergio Bartole, A proposito della revisione del trattato che istituisce la costituzione dell' Unione Europea, Dir. Pub., 2003, p. 771 e ss.

Thomas Schmitz, Le peuple européen et son rôle lors d'un acte constituant dans l'Union européenne, RDP, 2003, p. 1079 e ss.

Tizzano, Prime note sul progetto di Costituzione europea, Dir. Un. Eur., 2003, p. 249 e ss.

Valéry Giscard D'Estaing, The Convention and the Future of Europe: Issues and Goals, Int. J. Const. Law, 2003, p. 346 e ss.

Lisboa, 10 de Setembro de 2004